LES TRAITÉS DE COMMERCE

LES
TRAITÉS DE COMMERCE

ÉTUDE SUR LE RÉGIME DOUANIER

ET LE

COMMERCE INTERNATIONAL DE LA FRANCE

(Importations et Exportations)

DE 1789 A 1890

Par M. Émile BERT

DOCTEUR EN DROIT
INGÉNIEUR DES ARTS ET MANUFACTURES
SECRÉTAIRE DE LA SOCIÉTÉ DES INGÉNIEURS CIVILS
PROFESSEUR A L'ÉCOLE COMMERCIALE DE PARIS
(Fondée et administrée par la Chambre de commerce)

DISCUSSION A LA SOCIÉTÉ DES INGÉNIEURS CIVILS

DE LA QUESTION

DU RENOUVELLEMENT OU DE L'ABANDON DES TRAITÉS DE COMMERCE

EXTRAIT DES MÉMOIRES DE LA SOCIÉTÉ DES INGÉNIEURS CIVILS

PARIS

G. STEINHEIL, ÉDITEUR

ANCIEN ÉLÈVE DE L'ÉCOLE CENTRALE

2, rue Casimir-Delavigne, 2

1890

LES
TRAITÉS DE COMMERCE

ÉTUDE
SUR LE
RÉGIME DOUANIER
ET LE
COMMERCE INTERNATIONAL
(Importations et Exportations)
DE LA FRANCE
DE 1789 A 1890

PAR

Émile BERT
DOCTEUR EN DROIT
INGÉNIEUR DES ARTS ET MANUFACTURES
SECRÉTAIRE DE LA SOCIÉTÉ DES INGÉNIEURS CIVILS
PROFESSEUR A L'ÉCOLE COMMERCIALE DE PARIS
Fondée et administrée par la Chambre de commerce

EXTRAIT DES MÉMOIRES DE LA SOCIÉTÉ DES INGÉNIEURS CIVILS
(Février 1890.)

PARIS
G. STEINHEIL, ÉDITEUR
ANCIEN ÉLÈVE DE L'ÉCOLE CENTRALE
2, rue Casimir-Delavigne, 2

1890

LES

TRAITÉS DE COMMERCE

ET

LEUR RENOUVELLEMENT

PAR

M. Emile BERT

———

La question des traités de commerce est celle qui intéresse le plus, en ce moment, le monde industriel et commercial. Bien que ce sujet soit un peu étranger à ceux qui font d'ordinaire l'objet de vos discussions il n'est cependant pas un membre de la Société pour lequel cette grave question soit tout à fait indifférente ; aussi me suis-je permis de venir vous en entretenir quelques instants en la considérant à un point de vue général.

Je serai heureux ensuite d'écouter les observations que pourront présenter des collègues plus autorisés.

Il ne s'agit ici ni de libre-échange ni de protection ; j'examinerai seulement si le régime économique actuel est favorable ou non au développement de nos industries et à la prospérité de la France, faisant abstraction des intérêts particuliers pour ne considérer que ce qui est conforme à l'intérêt général.

Depuis cinquante ans tout a bien changé, et, de même que les armements de la nation subissent de continuels perfectionnements, les lois qui régissent nos rapports internationaux devraient aussi être en progrès sur les anciennes. La guerre commerciale n'est-elle pas plus redoutable que la guerre étrangère? les désastres causés par la seconde ne se réparent-ils pas plus vite que ceux qu'occasionne la première ?

Je commencerai par exposer rapidement les divers systèmes économiques qui se sont succédé chez nous depuis un siècle.

L'unité du tarif général des douanes de la France ne date que de la loi du 5 novembre 1790, qui a aboli tous les droits de traite à l'intérieur; puis des lois des 15 mars et 22 août 1791, qui fixèrent les taxes à percevoir tant à l'entrée qu'à la sortie des marchandises. Antérieurement, les droits de douane n'étaient pas uniformément appliqués dans toute l'étendue du pays; les uns étaient perçus aux frontières du royaume, les autres dans l'intérieur et sur les limites de certaines provinces.

Si l'on considère dans son ensemble la législation douanière établie par l'Assemblée constituante, on remarque que les marchandises importées de l'étranger n'étaient soumises qu'à des taxes modérées. Mais, si le régime à l'entrée des marchandises étrangères était libéral, le régime à la sortie des produits français était des plus restrictifs.

Le but poursuivi par le législateur de cette époque était de réserver exclusivement aux fabriques françaises les produits bruts ou demi-fabriqués nécessaires à l'alimentation de nos industries. Dans l'intérêt des établissements métallurgiques, notamment, tous les minerais ainsi que les combustibles (houille, charbon de bois, etc.), étaient frappés de prohibition à leur sortie de France. De même pour les industries textiles : l'exportation de la laine, du lin, du chanvre, du phormium tenax, de l'abacca, de la soie et de la bourre de soie était absolument interdite.

L'exportation des céréales était également prohibée.

Le régime créé par la loi du 15 mars 1791 fut de courte durée.

Une loi du 10 brumaire an V (31 octobre 1796), dirigée contre l'Angleterre, a frappé de prohibition absolue tous les produits réputés d'origine ou de fabrication anglaise; et comme il est très difficile, surtout lorsqu'il s'agit de produits fabriqués, de distinguer ou de constater leur véritable origine, la prohibition s'étendit à toutes les provenances. Puis on en vint, toujours pour atteindre le commerce anglais, à la mesure douanière connue sous le nom de « Blocus continental ».

Après le rétablissement de la paix qui suivit les guerres de la République et du Premier Empire, la prohibition générale édictée par la loi du 18 brumaire an V, fut érigée en principe économique; la loi du 28 avril 1816 (art. 6) donna même aux agents de la douane tout pouvoir pour rechercher à l'intérieur les marchandises d'origine suspecte, qui étaient confisquées lorsque l'origine étrangère en était établie; une amende égale à la valeur de la marchandise frappait le détenteur.

Les préoccupations du législateur de 1816 étaient d'abord de pourvoir aux nécessités financières en augmentant les ressources du Trésor par les recettes que pouvaient procurer les taxes à percevoir sur les marchandises étrangères importées en France, et ensuite, de donner satisfaction aux nouveaux intérêts de l'industrie et du commerce. Sauf le maintien des prohibitions établies par la loi du 18 brumaire an V, le régime de 1816 était dans son ensemble très libéral, surtout si l'on considère qu'à cette époque, les idées protectionnistes prédominaient dans presque tous les États de l'Europe.

Les droits établis en 1816 à l'entrée des produits en France furent augmentés pour un certain nombre d'entre eux par plusieurs lois postérieures. Pour favoriser l'agriculture, les céréales, admises à un droit unique de 0,50 f les 100 *kg* par la loi du 28 avril 1816, furent soumises au régime dit « de l'échelle mobile » (loi du 20 juillet 1819), c'est-à-dire à une taxe plus ou moins élevée suivant que la valeur des céréales récoltées en France, s'abaissait ou s'élevait elle-même. Dès que la rareté des céréales s'accusait, on suspendait l'application des taxes et l'on ouvrait toutes les portes aux céréales étrangères.

Après la chute de la Restauration, notre système économique fut remanié par deux lois importantes : l'une du 9, l'autre du 27 février 1832; la première ouvrait nos frontières de terre et de mer au transit des marchandises prohibées, l'autre ouvrait nos entrepôts réels des douanes à l'emmagasinage des mêmes marchandises.

Ces deux lois n'étaient que le prélude des modifications considérables qui furent introduites dans notre législation douanière par les lois des 2 et 5 juillet 1836.

Le gouvernement de cette époque fit procéder à une enquête sur les modifications à apporter à notre système douanier. La plupart des Chambres de Commerce se déclarèrent contre tout changement; quelques-unes seulement se prononcèrent en faveur d'une réforme complète de notre système douanier en demandant un abaissement successif de nos taxes.

La loi du 2 juillet 1836 a fait disparaître non seulement la généralité des prohibitions qui atteignaient certains de nos produits à leur exportation, mais encore elle a modéré dans une large mesure les taxes de sortie.

Quant à la loi du 5 juillet 1836, elle a apporté quelques modifications de droits à l'égard d'un certain nombre de produits et de matières nécessaires à nos industries. La plus importante de ses dispositions est celle qui concerne les admissions temporaires de produits étrangers destinés à être fabriqués ou à recevoir en France des façons complémentaires, car elle forme encore la base de notre législation actuelle sur ce point.

L'admission temporaire consiste à permettre l'entrée en France, sans payer de droits, de certaines marchandises (ordinairement des produits bruts), moyennant l'engagement pris sous caution (*acquit-à-caution*) de les réexporter dans un délai déterminé, après avoir reçu un complément de main-d'œuvre.

Les admissions temporaires peuvent rompre, dans de notables proportions, l'équilibre normal établi entre les industries par le tarif général. Il en peut résulter que la protection, jugée nécessaire à telle industrie, lui soit indirectement enlevée, tandis que telle autre se trouvera doublement protégée. Par exemple, l'admission en franchise des fers anglais procure à meilleur compte aux constructeurs de machines français, la matière première qu'ils seraient obligés de demander autrement à nos établissements métallurgiques. D'autre part, ceux-ci se voient enlever une partie de la protection que leur assurait le tarif, car les fers destinés à la réexportation font concurrence à nos établissements métallurgiques pour toutes les demandes de l'étranger, et déterminent un abaissement de prix. Mais si la métallurgie est sacrifiée, les constructeurs de machines sont doublement favorisés; d'abord par la franchise des importations et, ensuite, par les droits à l'importation sur les machines de fabrication étrangère.

La perturbation est surtout très grande si l'on se contente de la réexportation à *l'équivalent* au lieu d'exiger la réexportation à *l'identique*.

Dans la pensée du législateur de 1836, les introductions devaient être restreintes et subordonnées au régime de l'identité, c'est-à-dire que les produits n'étaient admis en franchise qu'à la condition d'être réexpédiés eux-mêmes après complément de main-d'œuvre en France. Mais, à mesure que l'industrie s'est développée, on a franchi les limites de l'interprétation rigoureuse de la loi de 1836 (art. 5) et l'on en est arrivé au système de la réexportation par équivalent, c'est-à-dire que les produits étrangers peuvent rester définitivement dans la consommation intérieure et être remplacés, à l'exportation, par une égale quantité de produits similaires de provenance française à un degré de fabrication plus avancé; ce système fut consacré par le décret du 15 février

1862. Il en est résulté que les importateurs ont pu introduire en France des produits venus de l'étranger, sans être obligés de les transporter à l'usine et de les travailler, à la seule condition de réexporter une quantité équivalente de matières, qui peuvent être essentiellement différentes de celles qui ont été introduites.

Puis on en est arrivé au trafic des acquits-à-caution.

Il est peu de dispositions douanières qui aient donné lieu à autant de réclamations que celle que je viens d'indiquer.

À l'égard des blés, il fut un temps où l'on importait à Marseille des blés et où l'on exportait par le nord des farines. Le trafic des acquits-à-caution nuisait à la fois au Trésor et à notre agriculture, on y remédia en obligeant les importateurs de blés à ne faire sortir leurs farines que dans le rayon même de la direction des douanes où s'était effectuée l'importation du blé (décret du 18 octobre 1873).

Des réclamations fort nombreuses aussi ont été présentées contre le système de l'équivalent par l'industrie métallurgique et, particulièrement, par les établissements placés dans un rayon accessible aux importations étrangères. Pour leur donner satisfaction, un décret du 9 janvier 1870 a subordonné l'admission des fers et aciers placés sous le régime de l'admission temporaire, à la condition d'être conduits dans l'usine même qui en avait demandé l'importation. La même disposition a été appliquée aux fontes d'affinage par le décret du 24 janvier 1888.

Les admissions temporaires des tissus de coton destinés à être teints ou imprimés pour l'exportation, autorisées par décret du 13 février 1861, furent supprimées par un décret du 9 juin 1872, sur la plainte des filateurs et des tisseurs de Normandie et des Vosges.

Si je me suis un peu étendu sur cette question des admissions temporaires, c'est à cause de son importance et des nombreuses discussions qu'elle a motivées encore tout récemment; mais revenons au tarif général des douanes.

Une loi du 6 mai 1841 a diminué les tarifs concernant les houilles et quelques autres produits. La même loi a levé les prohibitions sur les fils de laine longue peignée retors à deux bouts.

Après 1841, un revirement vers la protection s'est manifesté.

L'industrie du lin et du chanvre, effrayée par le développement des importations des fils et toiles de lin et de chanvre d'origine anglaise, réclamait énergiquement un supplément de protection. Le gouvernement du roi Louis-Philippe, reconnaissant qu'il y avait une sorte d'invasion des produits en question, donna satisfaction aux industriels français. Une ordonnance du 26 juin 1842 doubla les droits afférents aux fils de lin et de chanvre d'origine étrangère, et reporta sur les tissus l'augmentation ainsi accordée aux fils.

Le gouvernement de juillet donnait ainsi satisfaction à une industrie qui se trouvait en pleine voie de transformation. En effet, l'invention de Philippe-de-Girard permettait de filer mécaniquement le lin et le chanvre, de même que la laine et le coton. Mais, comme cela n'est arrivé que trop souvent à l'égard des inventions qui ont pris naissance en France, les procédés inventés pour la filature du lin et du chanvre ont d'abord été mis en pratique par l'Angleterre, qui jouissait ainsi d'une supériorité industrielle incontestable. Aussi, pour la conserver, le gouvernement anglais avait prohibé la sortie de toute machine destinée à la filature du lin et du chanvre, et ce n'est qu'à grand'peine et avec des sacrifices pécuniaires considérables que l'industrie du lin et du chanvre, en France, avait pu se procurer les instruments de son travail : de là, l'infériorité relative des produits français.

La faveur accordée par le gouvernement à l'industrie linière, réveilla les prétentions de nos diverses industries agricoles et manufacturières qui réclamèrent une protection plus énergique.

Les lois des 9 et 11 juin 1845 qui sont, en matière de douane, les dernières du règne de Louis-Philippe, leur donnèrent satisfaction dans une certaine mesure.

Le régime de la protection était l'objet d'une faveur marquée dans les dernières années de la monarchie de Juillet; on redoutait pour l'industrie et l'agriculture, les théories soutenues par les partisans du libre-échange qui étaient encore peu nombreux.

Lorsqu'éclata la Révolution de février 1848, divers projets de loi concernant les douanes étaient soumis au Parlement, mais ils n'eurent point de suite, et il nous faut aller jusqu'à 1853 pour trouver une nouvelle modification à notre régime douanier.

Après l'Exposition de Londres, en 1851, où la France avait figuré avec honneur et remporté de nombreuses récompenses, les principes du libre-échange, ou tout au moins d'une protection modérée, étaient accueillis avec une certaine faveur. — Par des décrets rendus en 1853, 1854 et 1855, convertis plus tard en lois (lois des 28 janvier 1856 et 18 avril 1857), le gouvernement diminua notablement les taxes à l'entrée en France sur plusieurs matières premières : les droits sur les fers furent réduits à 12 f (décret du 22 novembre 1853); pour le coton, on alla jusqu'à l'exemption.

Ces mesures n'étaient que le prélude des réformes économiques que le gouvernement allait entreprendre. Le Corps législatif fut saisi, le 9 juin 1856, d'un projet de loi portant retrait des prohibitions inscrites dans le tarif des douanes et leur remplacement par des droits représentant 30 à 35 0/0 de la valeur des produits. Ce projet de loi provoqua une vive émotion parmi la plupart de nos industries et le parti de la protection fut suffisamment puissant pour faire échouer les mesures proposées.

Mais, quelques années plus tard, le pouvoir législatif fut brusquement placé en face d'un fait accompli : le traité de libre-échange avec l'Angleterre.

Par une lettre impériale du 5 janvier 1860, le gouvernement exprima d'abord sa volonté de supprimer les prohibitions, les droits sur la laine et les cotons, de réduire les droits sur les sucres et de conclure des traités de commerce avec les nations étrangères. Puis, peu de temps après, il fit connaître le traité signé avec l'Angleterre le 23 janvier, à la suite de négociations tenues dans le plus grand secret.

Le traité de 1860 n'était qu'un traité de principe : les prohibitions à l'importation des marchandises anglaises étaient remplacées par une taxe ne pouvant dépasser 30 0/0 *ad valorem*, mais la taxation établie par les conventions définitives fut bien inférieure à ce maximum de 30 0/0.

Vint ensuite la loi du 7 mai 1860, qui abolit tous les droits sur les marchandises premières, et celle du 23 mai 1860 qui abaissait, dans une mesure considérable, les taxes sur un grand nombre de produits.

Quelques mois plus tard, une loi (1er août 1860) dont on s'était exagéré la portée et l'utilité, mais qui avait été inspirée par le désir de venir en aide à la petite industrie, mit à la disposition du gouvernement une somme de 40 millions destinée à faire des prêts aux industriels dont les capitaux étaient insuffisants pour le renouvellement de leur outillage.

Le traité de 1860 fut suivi, de 1861 à 1866, d'une série d'autres conventions inspirées par le même esprit de liberté commerciale : Belgique 1861, Zollverein 1862, Italie 1862, Suisse 1864, Suède et Norvège, Pays-Bas, Espagne, 1865, Portugal, Autriche, 1866.

Une révolution si soudaine, des changements si considérables introduits brusquement, sans préparation, sans transition, dans l'ensemble de notre régime économique, ne pouvaient être réalisés sans de cruelles souffrances, de douloureuses catastrophes et d'amères récriminations; ni les unes ni les autres ne manquèrent à la réforme de 1860.

En envisageant le résultat au point de vue général, peut-on dire que les mesures prises en 1860 ont exercé sur la prospérité du pays une influence heureuse? Le développement de notre industrie et de notre commerce n'est-il pas dû plutôt aux progrès qui ont révolutionné l'industrie de cette époque? — Les machines, actuellement si perfectionnées, commençaient à peine à se produire; l'insuffisance des voies et des moyens de communication, aujourd'hui si rapides et si faciles, opposait de véritables obstacles à l'activité humaine.

Les doléances de l'industrie furent souvent portées devant le Corps législatif, sans grand succès. — En 1869, alors que le traité avec l'Angleterre approchait de son terme, le gouvernement se décida à procéder à une enquête qui paraissait devoir donner satisfaction sur un grand nombre de points aux réclamations qui s'étaient produites, mais elle fut interrompue par les funestes événements de 1870.

Après la paix, il y eut un grand mouvement de reprise dans les opérations industrielles et commerciales; il fallait reconstituer les stocks épuisés pendant la guerre. Le gouvernement pensa qu'il lui serait possible de demander à notre tarif des douanes une partie des ressources dont nous avions besoin et il proposa un projet de loi, connu sous le nom d'impôt sur les matières premières, qui devait procurer environ 200 millions de francs. — Après de longues discussions, consacrées à l'étude de ce projet, l'Assemblée nationale accepta cet impôt, mais il ne put être appliqué parce que l'Angleterre se refusa, comme d'autres puissances, à laisser relever les tarifs conventionnels dans la proportion des droits votés sur les matières premières. — Il fallut renoncer à cet impôt.

Par une loi du 2 février 1872, émanant de l'initiative parlementaire, l'Assemblée nationale, voulant permettre à la France de reprendre sa liberté d'action, demanda au gouvernement de dénoncer les traités de commerce en vigueur; mais, pour éviter l'application du tarif général de cette époque, la même loi portait que le tarif conventionnel resterait applicable jusqu'au vote d'un nouveau tarif des douanes.

Les Chambres de commerce furent consultées; un nouveau tarif, élaboré par le Conseil supérieur de l'agriculture, du commerce et de l'industrie, fut présenté par le gouvernement à la Chambre des Députés le 9 février 1877. Les événements politiques en empêchèrent la discussion. Il fut repris l'année suivante et déposé à la Chambre le 21 janvier 1878.

Ce projet comportait de nombreuses réductions de tarifs puisque, sauf quelques modifications, il prenait pour limite supérieure des tarifications à l'avenir les taxes qui avaient été considérées en 1860 comme la limite des réductions possibles, et cela, malgré lo surcroît de charges qui avaient été imposées à l'industrie à la suite de nos malheurs. En outre, on modifia le mode de perception.

Dans la législation douanière antérieure à 1860, les droits inscrits au tarif général des douanes étaient spécifiques et fixés d'une manière arbitraire qui ne tenait pas compte de la valeur du produit sur lequel ils étaient perçus.

La convention conclue avec l'Angleterre prévoyait aussi l'établissement de droits spécifiques, mais avec cette restriction que les nouveaux droits ne devaient pas dépasser une proportion déterminée de la valeur des objets qu'ils étaient appelés à protéger.

Or, il arriva que quand il fallut traduire en chiffres cette règle de proportionnalité et l'appliquer aux produits, les négociateurs ne purent s'entendre. On édicta alors une série de taxes *ad valorem*, considérées à cette époque comme provisoires, car elles devaient être converties en droits spécifiques dans un délai de deux ans. Mais durant ce délai, on ne réussit pas mieux à se mettre d'accord; les taxes *ad valorem* furent maintenues et devinrent applicables à tous les pays qui se lièrent successivement avec nous par des traités de commerce.

Les taxes *ad valorem* sont en principe fort séduisantes; elles suivent toutes les fluctuations de prix de la marchandise, et atteignent par conséquent le produit suivant sa valeur. Mais là, comme en bien des circonstances, la pratique ne répond pas entièrement à la théorie. C'est précisément parce que les valeurs sont instables que les droits *ad valorem* font surgir dans l'application de nombreuses difficultés. — La fraude en profite et les déclarations de la valeur de tel ou tel objet présenté à l'importation, sont abaissées dans une proportion plus ou moins considérable au détriment du commerce honnête, qui est sincère dans ses déclarations, et de l'industrie qui ne trouve plus dans les traités de commerce la protection que l'on a voulu lui attribuer. — De plus, les perceptions à la valeur provoquent des contestations, des manutentions en douane qui emploient beaucoup de temps et conduisent à des expertises souvent très laborieuses, alors que les perceptions spécifiques n'exigent qu'un simple compte ou qu'une simple pesée.

Ces diverses considérations ont déterminé le gouvernement à proposer, en 1878, de remplacer les droits *ad valorem* par des droits spécifiques qui ne sont cependant pas exempts d'inconvénients. Ces droits ne pouvant reposer que sur des moyennes ont, en effet, un inconvénient sérieux, celui de grever la marchandise commune et celui de dégrever la marchandise fine, celle de la plus grande valeur. Mais, en retour, ils ont l'avantage de donner à l'industrie toute la protection promise; de plus, quand ils sont convenablement établis, ils facilitent les opérations du commerce qui sait à l'avance ce qu'il devra payer et peut combiner sûrement ses opérations.

Ces considérations ont conduit les principaux États, notamment l'Allemagne, l'Autriche et même l'Angleterre, à baser leurs législations douanières sur les droits spécifiques.

Sous l'influence de l'épouvantable crise économique dont les premières atteintes se firent sentir en 1876, qui devint plus intense encore en 1877 et depuis n'a fait que prendre des proportions plus inquiétantes, les principes du libre-échange commençaient déjà à ne plus être autant en faveur; néanmoins on était d'avis d'abandonner le tarif en vigueur vis-à-vis des nations non liées avec nous par des traités de commerce, et d'établir des droits modérés pour remplacer des droits prohibitifs ou élevés qui formaient à cette époque notre tarif général.

Après de longues et intéressantes discussions au Sénat et à la Chambre des Députés, le nouveau tarif général des douanes fut promulgué le 7 mai 1881. C'est la première fois que ce tarif a été l'objet d'une revision complète et d'ensemble depuis l'article 1er jusqu'au dernier; les modifications antérieures n'avaient été que partielles.

Les droits sont relativement peu élevés; on a voulu établir un tarif qui ne serait ni un tarif maximum, ni un tarif minimum, mais simplement suffisant pour préserver nos industries contre une inondation des produits étrangers, en laissant au gouvernement une liberté absolue pour arriver à la conclusion de nouveaux traités de commerce.

Les négociations engagées aboutirent avec tous les pays antérieurement liés avec la France, sauf avec l'Angleterre et l'Autriche-Hongrie. C'est ainsi que de nouvelles conventions furent signées avec la Belgique, l'Italie, le Portugal, la Suède et la Norvège, l'Espagne et la Suisse.

Ces traités de commerce, consacrant de nombreuses réductions susceptibles de jeter un certain trouble dans plusieurs industries, soulevèrent de vives réclamations dans le monde industriel et commercial, et un grand nombre de membres du Parlement ne consentirent à les voter que pour sortir de l'état d'incertitude qui paralysait notre production.

Les négociations engagées à cette époque avec les Pays-Bas aboutirent aussi à une nouvelle convention, signée le 26 novembre 1881, et à laquelle la seconde Chambre des États généraux néerlandais refusa son approbation. Une seconde convention du 24 mars 1882 eut le même sort; c'est seulement le 18 avril 1884 que fut signé le traité de commerce qui nous lie aujourd'hui avec ce pays.

Avec l'Angleterre, l'entente ne put se faire sur la fixation des tarifs, les négociateurs anglais réclamaient le maintien des droits *ad valorem* que les négociateurs français voulaient remplacer par des droits spécifiques. Après la rupture définitive des négociations, le Gouvernement français pensa qu'en présence du régime douanier de l'Angleterre, qui est très libéral, il y avait intérêt pour nous à ne pas restreindre nos échanges avec ce pays par l'application immédiate du tarif général aux marchandises anglaises, tout en restant maîtres de nos tarifs pour le cas où le gouvernement britannique aggraverait le régime douanier auquel sont soumis les produits français à leur entrée en Angleterre. Dans ce but, il présenta au Parlement un projet de loi accordant à l'Angleterre le traitement de la nation la plus favorisée, sans réciprocité (loi du 27 février 1882). Le lendemain de la promulgation de cette loi, une convention fut signée entre la France et l'Angleterre, aux termes de laquelle chacun des pays accorde à l'autre le traitement de la nation la plus favorisée en ce qui concerne l'exercice du commerce et de l'industrie (les droits de douane étant réservés) et la jouissance des droits et exercices légaux.

Les mesures prohibitives que nous appliquons au bétail austro-hongrois pour préserver le bétail français des invasions de la peste bovine, rendirent également très laborieuse la conclusion d'un traité avec ce pays. Après des négociations souvent rompues et reprises, une convention ne portant également aucun tarif réduit, mais assurant simplement aux contractants le traitement de la nation la plus favorisée, fut signée le 18 février 1884.

Nos relations avec la Russie sont réglées par le traité du 1ᵉʳ avril 1874, et avec l'Allemagne par l'article 11 du traité de Francfort.

Le traité, conclu avec l'Italie, ayant été dénoncé par celle-ci le 1ᵉʳ janvier 1887, a cessé de produire ses effets à partir du 1ᵉʳ janvier 1888.

— 16 —

Diverses tentatives, en vue de la conclusion d'une nouvelle convention avec ce pays, n'ont point abouti, et, depuis, nous sommes régis, non seulement par le tarif général des douanes, mais il y a eu, en outre, des relèvements de tarifs pour les produits importés de chacun des pays dans l'autre.

Les traités qui nous lient aujourd'hui avec les principaux États sont donc :

PAYS	DATE DES TRAITÉS	DATE DES RATIFICATIONS	DATE DES ÉCHÉANCES	OBSERVATIONS
Belgique	31 octobre 1881	12 mai 1882	1er février 1892	Seuls pays avec lesquels la France a pris l'engagement de recevoir un certain nombre de marchandises à des droits réduits indiqués dans les tarifs annexés aux traités.
Portugal	19 décembre 1881 6 mai 1882	13 mai 1882	1er février 1893	
Suède et Norvège.	30 décembre 1881	12 mai 1882	1er février 1892	
Espagne.	6 février 1882	12 mai 1882	1er février 1892	
Suisse	23 février 1882	12 mai 1882	1er février 1892	
Pays-Bas	19 avril 1884	8 août 1885	1er février 1892	
Allemagne.	10 mai 1871 art. 11 du traité de Francfort	»	Durée illimitée	Traitement de la nation la plus favorisée.
Angleterre	Loi du 27 fév. 1882	»	»	
Autriche-Hongrie	18 février 1884	1er mars 1884	Sans fixation de durée. Cesse de produire ses effets 6 mois après la dénonciation.	
Russie	1er avril 1874	4 juillet 1874	Sans fixation de durée. Cesse de produire ses effets un an après la dénonciation.	

Une clause générale insérée dans chaque traité stipule que les pays contractants se concèdent mutuellement le bénéfice de toutes les réductions de tarifs, de tous les avantages qu'ils pourraient accorder à des tiers, en sorte que notre tarif conventionnel, applicable à tous les pays avec lesquels nous avons des conventions, se trouve formé par l'ensemble des taxes réduites portées dans chacun des traités pris isolément et des articles du tarif général des douanes n'ayant pas subi de modifications.

Cette clause a été l'objet de nombreuses critiques; elle est, en effet, la cause de modifications constantes, et rend illusoire la stabilité que les traités ont pour but de donner au commerce. Il n'y a eu en effet aucune stabilité par suite de cette raison que l'on n'a pas un traité unique pour toutes les nations, mais bien autant de traités qu'il y a de nations et chaque négociation emporte avec elle des concessions nouvelles qui, en vertu de la dite clause, modifient les arrangements antérieurs. Ainsi, pour ne citer qu'un exemple, le droit sur les vins qui est de 4,50 f par hectolitre d'après le tarif général de 1881 fut abaissé à 3 f par le traité avec l'Italie et à 2 f par notre traité avec l'Espagne. La série des négociations commerciales se poursuivant continuellement, on n'est jamais assuré de la fixation d'un régime stable.

Outre les traités que je viens d'énumérer, nous en avons un grand nombre d'autres conclus avec les nations moins importantes à des époques diverses et qui expirent à des dates plus ou moins éloignées.

Aucun de ces traités ne contient de réduction de droits d'entrée en France pour des produits spécialement désignés; ils ne comportent que la clause de la nation la plus favorisée.

La question de la dénonciation des traités de commerce se pose donc particulièrement à l'égard de ceux qui nous régissent avec la Belgique, le Portugal, la Suède-Norvège, l'Espagne, la Suisse et les Pays-Bas, et qui, combinés avec le tarif des douanes, forment dans leur ensemble notre tarif conventionnel.

Tant que de nouveaux traités, contenant des réductions de droits sur notre tarif général des douanes, ne seront pas établis, les traités ne portant que la clause de la nation la plus favorisée cesseront de donner droit à des réductions de tarifs. Et notamment l'article 11 du traité de Francfort, régissant nos relations avec l'Allemagne, qui a donné lieu à tant de récriminations, ne nous nuirait plus en rien si des concessions douanières ne sont pas faites à d'autres puissances, puisqu'aucune nation n'étant plus favorisée d'une façon spéciale par aucun traité, l'Allemagne serait elle-même soumise à notre tarif général.

Les six traités que je viens d'énumérer cesseront de produire leurs effets le 1er février 1892, s'ils sont dénoncés douze mois avant cette date. Devons-nous le faire? Telle est la question qui se pose actuellement.

Le Gouvernement s'en est déjà préoccupé. Il a réuni, à la date du 12 décembre dernier, le Conseil supérieur du commerce et de l'industrie, qui n'avait pas fonctionné depuis plusieurs années; et celui-ci, après une discussion importante, a rédigé un questionnaire (1), qui a été adressé aux Chambres de commerce, aux

---

(1) Questionnaire adopté par le Conseil supérieur du commerce et de l'industrie dans sa séance du 18 décembre 1889.

1re question. — Quelle est la situation présente de chacune des branches d'industrie et de commerce de votre circonscription?

Quelles sont les causes générales de cette situation?

Quelle est la part d'influence sur la production, la consommation intérieure et le

Syndicats, etc... Il comprend huit questions principales se subdivisant elles-mêmes en un plus grand nombre : les unes générales, les autres particulières à une région ou à un genre d'industrie.

Nous ne nous occuperons que de la troisième question :

Y a-t-il lieu de dénoncer les traités existants?

S'ils sont dénoncés, comment les remplacer?

Avant de se prononcer sur ce point, il nous faut examiner quels ont été les effets des traités de commerce, sous le régime desquels nous vivons depuis 1860.

Le but des conventions de 1860 et 1882 était d'ouvrir des débouchés nouveaux aux produits des industries françaises et aux produits agricoles. Si nous nous plaçons en présence de la réalité, que voyons-nous? Le pays a-t-il trouvé dans ces conventions tous les avantages qu'on lui avait fait espérer? N'y a-t-il pas trouvé, au contraire, d'amères déceptions? Les importations ont

---

commerce avec l'étranger, qu'il convient d'assigner au régime économique inauguré en 1860?

2e question. — Dans quels pays s'exportent vos produits?

Exportez-vous directement ou par l'intermédiaire de commissionnaires français ou étrangers?

De quels pays s'importent les produits similaires?

Quelles sont les causes de cette importation?

Quelle est l'importance de vos exportations, et dans quelle proportion entrent-elles dans votre production totale?

Quelle est l'importance de l'importation des produits similaires étrangers?

Quelles variations ces exportations et ces importations ont-elles subies depuis l'inauguration du régime économique actuel?

Quelles sont les causes de ces variations?

3e question. — Êtes-vous d'avis qu'il y a lieu de dénoncer les traités existants?

S'ils sont dénoncés, comment les remplacer?

Pensez-vous qu'on doive négocier avec les pays qui nous accorderaient des avantages corrélatifs, des arrangements nouveaux, soit sur la base des anciens traités à long terme, soit sur celle de conventions commerciales qui auraient une durée moindre et la même date d'échéance?

Pensez-vous, au contraire, que l'État doive conserver la pleine liberté de ses tarifs, et qu'il doive établir soit un tarif général unique applicable à tous les pays étrangers sans distinction, soit un double tarif : le premier minimum à l'égard des pays qui nous accorderaient des avantages corrélatifs, le second maximum à l'égard des autres?

Comment comprendriez-vous le fonctionnement de ce dernier système?

4e question. — Demandez-vous qu'on modifie le tarif général des douanes, soit en ce qui touche le taux des droits, soit en ce qui touche leur classification?

Quelles sont les modifications que vous réclamez et pour quelles raisons les réclamez-vous?

5e question. — Quelles sont les matières premières que vous employez pour votre industrie?

D'où les recevez-vous?

Quelles seraient, pour vous, les conséquences d'un droit qui frapperait les matières premières venant de l'étranger?

Par quel système (drawback, admission temporaire ou tout autre moyen), vous paraîtrait-il possible d'empêcher que ce droit, s'il était établi, n'entravât votre exportation?

6e question. — Quel serait le régime douanier qu'il conviendrait d'appliquer aux colonies?

7e question. — Parmi les tarifs de nos Compagnies de chemin de fer, en est-il qui favorisent, à votre détriment, la concurrence étrangère?

Quels sont-ils?

8e question. — Le régime économique actuel a-t-il été, ou non, profitable à la marine marchande et aux ports de commerce?

augmenté dans des proportions considérables, tandis que les exportations se sont réduites dans des proportions énormes.

Ce qui prouve qu'il ne faut pas attribuer aux traités de commerce de 1860 le développement incontestable et incontesté de notre richesse depuis cette époque, c'est que le même mouvement s'est accompli chez tous les peuples libre-échangistes ou protectionnistes. En effet, il est certain que nos échanges ont augmenté, mais non pas autant qu'on le croit généralement.

La comparaison entre les chiffres d'avant et d'après 1860 à l'importation et à l'exportation est assez difficile à établir. Car, jusqu'en 1860, le commerce spécial a été l'expression presque absolue de l'importation des produits étrangers nécessaires à la consommation française et de l'exportation des produits du sol ou de l'industrie nationale. Mais, à partir de ce moment, les marchandises qui ne figuraient auparavant qu'au commerce général ont été, par suite des modifications de tarifs, portées à la fois au commerce général et au commerce spécial. Les traités ou les lois de douanes ayant supprimé les taxes d'entrée sur ces marchandises, les importateurs les ont déclarées en totalité pour la consommation, sans distinction entre celles qui devaient rester à l'intérieur et celles qui devaient revenir à l'étranger. Le commerce spécial d'importation, résumant ces déclarations, s'est trouvé de la sorte grossi d'opérations qui, jusqu'en 1860, n'étaient relevées qu'au commerce d'entrepôt ou de transit, et il en a été de même pour le commerce spécial d'exportation.

Il y a lieu également de remarquer que beaucoup de fabrications qui, jusqu'en 1860, étaient, ou prohibées à titre absolu, ou frappées de droits prohibitifs, ont pu en vertu des traités, être importées pour notre consommation. Tandis que précédemment nos exportations d'objets fabriqués représentaient l'excédent de la production sur les besoins de la consommation intérieure, une partie de ces exportations n'a été, depuis 1860, que l'équivalent des marchandises étrangères qui remplaçaient nos produits sur notre marché. Ainsi s'expliquent les gros chiffres obtenus à l'entrée et à la sortie à partir de 1860 en ce qui concerne le commerce spécial, mais ces chiffres sont fictifs.

Quand on examine le mouvement de notre commerce international, on remarque que nos exportations et importations qui ne progressaient que lentement de 1827 à 1848, avant la création des chemins de fer, de la grande navigation à vapeur et l'amélioration de tous les moyens de transport, se sont brusquement élevées de 1848 à 1859 dans des proportions énormes (voir le graphique).

COMMERCE INTERNATIONAL DE LA FRANCE

Relevé du total des exportations et importations de 1827 à 1889

ANNÉES	IMPORTATIONS	EXPORTATIONS	DIFFÉRENCE EN PLUS SUR LES	
			IMPORTATIONS	EXPORTATIONS
	Millions.	Millions.	Millions.	Millions.
1827	411	507		[illegible]
1828	451	511		57
1829	[illegible]	545		33
1830	[illegible]	453	36	
1831	374	[illegible]		[illegible]
1832	[illegible]	[illegible]		[illegible]
1833	[illegible]	[illegible]		[illegible]
1834	[illegible]	[illegible]		[illegible]
1835	[illegible]	510		[illegible]
1836	[illegible]	575		[illegible]
1837	[illegible]	515	51	
1838	651	677		[illegible]
1839	717	[illegible]		[illegible]
1840	[illegible]	761		[illegible]
1841	817	611		[illegible]
1842	[illegible]	657		[illegible]
1843	[illegible]	790		[illegible]
1844	[illegible]	815		[illegible]
1845	[illegible]	[illegible]		[illegible]
1846	929	[illegible]		[illegible]
1847	[illegible]	730		316
1848	474	690		311
1849	721	[illegible]		377
1850	791	[illegible]		[illegible]
1851	763	[illegible]		[illegible]
1852	[illegible]	[illegible]		[illegible]
1853	[illegible]	[illegible]		[illegible]
1854	[illegible]	[illegible]		[illegible]
1855	[illegible]	[illegible]		[illegible]
1856	[illegible]	[illegible]	97	
1857	[illegible]	[illegible]		[illegible]
1858	[illegible]	[illegible]		[illegible]
1859	[illegible]	[illegible]		[illegible]
1860	[illegible]	[illegible]		[illegible]
1861	[illegible]	[illegible]	516	
1862	[illegible]	[illegible]		[illegible]
1863	[illegible]	[illegible]		41
1864	[illegible]	[illegible]		217
1865	[illegible]	[illegible]		[illegible]
1866	[illegible]	[illegible]		357
1867	[illegible]	[illegible]		[illegible]
1868	[illegible]	790	511	
1869	[illegible]	[illegible]		[illegible]
1870	[illegible]	[illegible]	[illegible]	
1871	[illegible]	[illegible]		[illegible]
1872	[illegible]	[illegible]		[illegible]
1873	[illegible]	[illegible]		[illegible]
1874	[illegible]	[illegible]		[illegible]
1875	[illegible]	[illegible]		[illegible]
1876	[illegible]	[illegible]		[illegible]
1877	[illegible]	[illegible]	413	
1878	[illegible]	[illegible]	234	
1879	[illegible]	[illegible]	[illegible]	
1880	[illegible]	[illegible]	361	
1881	[illegible]	561	[illegible]	
1882	[illegible]	574	[illegible]	
1883	[illegible]	[illegible]	[illegible]	
1884	[illegible]	[illegible]	111	
1885	[illegible]	[illegible]	[illegible]	
1886	[illegible]	[illegible]	959	
1887	[illegible]	3 217	779	
1888	[illegible]	3 247	880	
1889	4 175	3 609	566	

Les importations, qui n'étaient que de 471 millions en 1848, se sont élevées à 1611 millions en 1859, alors que les exportations allaient de 690 à 2260 millions. Le total des importations a été de 14893 millions pendant cette période de douze ans, et celui des exportations de 17529 millions, soit une moyenne annuelle de 1241 millions pour les importations et de 1461 millions pour les exportations. Pendant cette période, l'excédant des exportations sur les importations a été de 2637 millions.

Si l'on considère notre commerce international pendant une même période de douze années (en négligeant l'année 1870), à partir de l'établissement des traités de commerce, on remarque que :

Les importations qui étaient de 1897 millions en 1860, se sont élevées à 3570 millions en 1872, et les exportations de 2277 millions à 3762 millions. Le total des importations a été de 33519 millions pendant ces douze années et celui des exportations de 33 milliards 608 millions; soit une moyenne annuelle de 2816 millions pour les importations et de 2801 millions pour les exportations. Pendant cette période, l'excédant des exportations sur les importations est bien inférieur à celui de la période précédente : il n'est plus que de 59 millions.

De 1873 à 1884, les importations ont crû de 3555 millions à 4311 millions, tandis que les exportations s'abaissaient de 3 milliards 787 millions à 3233 millions. Le total des importations a été de 50896 millions ou de 4241 par an; celui des exportations de 42072 millions ou de 3506 millions par an.

Dans la période précédente, l'excès des exportations sur les importations s'était considérablement abaissé; maintenant le résultat est inverse, ce sont les importations qui surpassent les exportations de 8824 millions; alors apparaît avec toutes ses conséquences la crise industrielle et agricole que nous subissons encore aujourd'hui.

De 1885 à 1889, l'écart entre les exportations et les importations tend à diminuer, mais il est encore très élevé. Pour ces cinq années, le total des exportations est de 16440 millions et celui des importations de 20604 millions, soit un écart de 4164 millions en faveur des importations.

Lorsque l'on examine la question qui nous occupe en ce moment, on sépare souvent et bien à tort, l'agriculture de l'industrie. Sans vouloir suivre cette méthode, j'ai indiqué ci-après (voir aussi le graphique) le relevé des exportations et importations des grains et farines de 1827 à 1889.

Relevé des exportations et importations des grains et farines de froment, épeautre, méteil, seigle, avoine, orge, maïs et sarrasin, de 1827 à 1889.

ANNÉES	IMPORTATIONS	EXPORTATIONS	DIFFÉRENCE EN PLUS SUR LES	
			IMPORTATIONS	EXPORTATIONS
	millions et centaines de mille		millions et centaines de mille	
1827	0.9	5.7	»	4.8
1828	35.3	3.9	31.4	»
1829	39.9	3.0	36.9	»
1830	44.7	1.6	43.1	»
1831	212.3	4.2	[illegible]	»
1832	91.1	3.5	87.6	»
1833	0.3	3.7	»	[illegible]
1834	0.0	3.8	»	[illegible]
1835	0.1	1.3	»	[illegible]
1836	0.4	5.3	»	[illegible]
1837	5.8	6.8	»	1.0
1838	3.4	10.7	»	7.3
1839	83.7	17.5	[illegible]	»
1840	47.1	4.6	[illegible]	»
1841	3.5	16.6	»	13.1
1842	13.0	18.8	»	5.8
1843	43.3	5.6	[illegible]	»
1844	50.8	6.6	[illegible]	»
1845	15.5	13.0	[illegible]	»
1846	99.7	6.6	[illegible]	»
1847	889.0	4.5	[illegible]	»
1848	21.4	36.5	»	[illegible]
1849	0.0	51.2	»	51.2
1850	0.0	69.0	»	69.0
1851	1.5	89.6	»	88.1
1852	4.5	61.5	»	57.0
1853	109.7	100.1	8.6	»
1854	161.5	7.8	153.7	»
1855	122.7	6.2	116.5	»
1856	303.3	7.6	295.6	»
1857	116.0	10.2	105.8	»
1858	46.3	128.6	»	83.1
1859	37.6	351.7	»	316.1
1860	22.3	119.8	»	97.6
1861	389.9	33.8	356.1	»
1862	157.4	41.6	115.8	»
1863	53.9	48.0	4.9	»
1864	22.1	55.7	»	33.6
1865	18.2	117.7	»	93.5
1866	49.4	177.5	»	128.1
1867	318.5	61.5	[illegible]	»
1868	337.1	62.5	271.6	»
1869	56.0	67.7	»	11.7
1870	185.6	33.5	152.1	»
1871	459.2	45.9	413.3	»
1872	117.4	313.9	»	93.5
1873	389.8	170.5	[illegible]	»
1874	230.5	136.4	[illegible]	»
1875	122.1	129.4	»	61.3
1876	239.3	111.0	[illegible]	»
1877	208.7	185.3	[illegible]	»
1878	560.2	51.5	506.5	»
1879	856.7	41.7	815.0	»
1880	787.8	50.6	728.9	»
1881	519.2	91.4	437.8	»
1882	501.9	55.0	416.9	»
1883	371.4	55.4	319.0	»
1884	350.6	43.7	315.9	»
1885	228.1	33.6	195.3	»
1886	283.1	39.3	221.9	»
1887	280.2	18.9	270.3	»
1888	375.3	11.4	360.9	»
1889	372.8	21.7	351.1	»

Le tableau suivant (voir aussi le graphique) représente le relevé général.

Relevé des exportations et importations de tous les produits excepté les grains et les farines, de 1827 à 1889.

ANNÉES	IMPORTATIONS	EXPORTATIONS	DIFFÉRENCE EN PLUS SUR LES IMPORTATIONS	DIFFÉRENCE EN PLUS SUR LES EXPORTATIONS
	Millions.	Millions.	Millions.	Millions.
1827	413	501	»	88
1828	429	508	»	79
1829	483	542	»	59
1830	444	451	»	7
1831	351	452	»	101
1832	416	506	»	90
1833	491	556	»	65
1834	504	508	»	4
1835	520	574	»	54
1836	565	623	»	58
1837	565	508	57	»
1838	653	648	5	»
1839	626	659	»	33
1840	700	690	10	»
1841	800	744	56	»
1842	834	625	209	»
1843	804	681	123	»
1844	817	783	34	»
1845	840	835	5	»
1846	830	845	»	15
1847	747	715	32	»
1848	450	653	»	203
1849	724	887	»	163
1850	791	1 059	»	268
1851	763	1 068	»	305
1852	984	1 195	»	211
1853	1 057	1 412	»	355
1854	1 130	1 406	»	276
1855	1 471	1 552	»	81
1856	1 687	1 885	»	198
1857	1 757	1 856	»	99
1858	1 517	1 758	»	241
1859	1 605	1 916	»	311
1860	1 875	2 157	»	282
1861	2 053	1 893	160	»
1862	2 043	2 201	»	158
1863	2 373	2 595	»	222
1864	2 505	2 868	»	363
1865	2 624	2 970	»	346
1866	2 743	3 003	»	260
1867	2 708	2 761	»	53
1868	2 967	2 724	243	»
1869	3 097	3 007	90	»
1870	2 661	2 736	»	75
1871	3 108	2 827	281	»
1872	3 423	3 519	»	96
1873	3 336	3 616	»	280
1874	3 177	3 563	»	386
1875	3 399	3 674	»	275
1876	3 749	3 435	»	686
1877	3 463	3 251	273	»
1878	3 616	3 128	488	»
1879	3 738	3 189	549	»
1880	4 215	3 408	807	»
1881	4 345	3 470	875	»
1882	4 320	3 519	801	»
1883	4 430	3 397	1 033	»
1884	3 984	3 189	795	»
1885	3 856	3 941	»	85
1886	3 916	3 186	730	»
1887	3 737	3 228	509	»
1888	3 732	3 233	499	»
1889	3 782	3 567	215	»

des exportations et des importations de tous les produits moins les graines et les farines (1).

La prospérité de la France a été sans cesse en grandissant tant que la balance du commerce nous a été favorable, c'est-à-dire tant que nous avons reçu du numéraire de l'étranger au lieu de lui en envoyer; mais depuis que la balance du commerce nous est devenue défavorable, c'est-à-dire depuis que la France est débitrice des nations étrangères en raison des importations qui ont prédominé sur les exportations, nous avons vu une crise épouvantable s'abattre sur notre industrie manufacturière et agricole; d'une intensité variable, elle a été la plus forte les années où l'excès des importations sur les exportations a été le plus grand.

Certains économistes prétendent que plus le commerce que l'on fait avec l'étranger est lucratif, plus la somme des importations doit excéder celle des exportations. D'après eux, l'or et l'argent sont des marchandises comme les autres, les produits s'échangent contre des produits, et il faudrait prendre la balance du commerce à rebours en calculant le produit national par l'excédant des importations sur les exportations.

Il suffit de jeter les yeux sur notre commerce international pour faire bonne justice de ces théories erronées. Tout le monde sait que les années 1862 à 1867 et de 1872 à 1876 ont été marquées chez nous par une grande prospérité; ce sont précisément celles où nos exportations surpassent les importations. La crise, qui sévit sur notre pays, depuis bien des années déjà, a pris naissance en 1876, précisément au moment où les importations commencent à surpasser nos exportations; elle a atteint son maximum d'intensité en 1880, l'année où l'excès des importations sur les exportations a atteint son maximum; enfin, elle diminue sensiblement depuis cette époque, et nous voyons en même temps diminuer l'excédant des importations sur les exportations.

C'est une grave erreur de soutenir qu'un pays s'enrichit d'autant plus qu'il importe davantage; c'est au contraire l'excédant des exportations sur les importations qui constitue un bénéfice

---

(1) Les tableaux publiés chaque année par la direction générale des douanes divisent ainsi les marchandises en trois catégories:

Objets d'alimentation;

Matières nécessaires à l'industrie;

Objets fabriqués.

Cette classification est tout à fait arbitraire et, quand on l'examine de près, on voit que les indications qu'elle fournit sont dénuées de toute utilité.

Dans la première catégorie, il y a bien des matières qui sont plutôt destinées à l'industrie qu'à l'alimentation; la distinction entre la seconde et la troisième catégorie est encore plus subtile, car on fait figurer dans la seconde beaucoup de produits dont l'état de fabrication est très avancé et que l'on pourrait très bien considérer comme objets fabriqués.

pour le pays. En effet, tous les produits quand l'importation n'est pas remplacée par l'exportation, se compensent en argent; le pays qui importe plus qu'il n'exporte, est par conséquent obligé de régler la différence en monnaie.

Les enseignements qui se dégagent de l'examen des tableaux de notre commerce international (voir le graphique), sont d'autant plus probants et irréfutables qu'ils sont corroborés par l'examen des faits. Il est incontestable, en effet, que jusqu'à il y a une quinzaine d'années, de grandes fortunes ont été réalisées dans l'industrie. Les bénéfices permettaient d'apporter sans cesse de nouveaux perfectionnements à l'outillage et d'améliorer le sort des ouvriers. En est-il de même aujourd'hui? Malheureusement, non! Avec beaucoup d'efforts et d'économies, on arrive avec peine à équilibrer les recettes et les dépenses. L'industrie ne donnant plus aux capitaux une rémunération suffisante, ceux-ci s'en éloignent, ainsi que les individus. N'est-ce pas pour ce motif que tant de personnes recherchent de préférence des places de fonctionnaires ou d'employés plutôt que de diriger leurs efforts et leurs capitaux vers l'industrie? N'est-ce pas là aussi ce qui nous explique qu'un si grand nombre d'usines ont disparu et disparaissent encore chaque jour?

L'exemple des États-Unis est à méditer : après avoir importé plus qu'ils n'exportaient, alors qu'ils n'étaient pas riches, ils ont ensuite exporté plus qu'ils n'importaient et sont devenus riches.

Les principes du libre-échange seraient vrais s'ils pouvaient être appliqués dans le monde entier; mais il faut tenir compte des obligations de chaque peuple et de l'individualité de chaque nation.

Tant que le monde sera partagé entre des peuples que divisent leur race, leur langue, leurs mœurs, leurs intérêts, le libre-échange sera un vain mot, une dangereuse utopie, selon les temps et les circonstances, et tant que la liberté commerciale ne planera pas sur le monde entier, la France devra, avec prudence et discernement, défendre les intérêts de ses producteurs.

Les constatations irréfutables qui se dégagent de l'examen du tableau de notre commerce international sont pour nous un précieux enseignement; elles anéantissent complètement les théories libre-échangistes que je rappelais tout à l'heure, et qui ont heureusement fait leur temps chez nous pour ne plus reparaître, il faut l'espérer du moins.

Le principal argument que l'on fait valoir en faveur des traités de commerce consiste à dire qu'ils ont seuls le pouvoir de créer un état stable, d'assurer pour une période plus ou moins longue, au gré des contractants, la possession des réductions de tarif obtenues par des négociations. Cette stabilité est purement illusoire. En effet, le tarif conventionnel se trouve formé par une série de réductions sur notre tarif général, réductions qui sont accordées isolément, sans vues d'ensemble, aux puissances avec lesquelles on traite; les concessions faites par la France sont constamment augmentées. La symétrie que l'on avait cherché à établir, en proportionnant dans le tarif général l'échelle des droits aux besoins de chaque industrie est totalement détruite. La fixité et la stabilité qui ne peuvent être assurées, dit-on, que par les traités de commerce n'existent point, car à chaque accession d'un nouvel État, on voit introduire dans le tarif des abaissements dont le bénéfice s'étend, en vertu de la clause de la nation la plus favorisée, à tous les pays qui ont déjà traité, ce qui constitue pour eux un avantage sans réciprocité pour nous, c'est une concession purement gratuite de notre part et sans aucun équivalent. Au moment où l'on s'engage, on ne sait donc pas exactement ce que l'on donne. On ne sait pas davantage ce que l'on reçoit; car, lorsque nous avons traité avec un État pour un certain nombre de produits, rien n'empêche celui-ci, quand il y trouve son avantage, d'élever les taxes sur les articles non spécifiés au traité.

Les traités de commerce nous liant les mains pour une période de temps assez longue, il nous est impossible de venir ensuite au secours de l'une de nos industries, si quelque péril vient à la menacer. Pour toutes ces raisons et bien d'autres, qu'il serait trop long d'exposer ici, les grandes puissances considèrent les traités de commerce comme une vieille machine usée et démodée.

Je ne dirai qu'un mot d'un autre argument que l'on invoque aussi volontiers en faveur des traités de commerce, et qui consiste à dire qu'il faut, avant tout, rechercher l'intérêt des consommateurs. C'est un argument des plus spécieux, car le consommateur et le producteur ne font qu'un. Il n'y a, en effet, que ceux qui ne font rien qui ne produisent rien; quel que soit le respect que l'on a pour les personnes qui vivent ainsi de revenus ou de rentes, il est incontestable que leur sort est moins intéressant que celui des travailleurs qui font sortir du sol ou des usines les richesses et les produits qui servent à l'usage de tous. Ce qu'il faut avant tout, c'est donc équilibrer les intérêts du producteur et du consommateur.

Nous sommes tous protectionnistes pour l'industrie que nous exerçons et libre-échangistes pour celle des autres. (*Approbation générale.*)

Dans certains milieux et malgré les preuves contraires, on reste encore sous l'influence de cette idée que c'est le consommateur qui finalement supporte toutes les conséquences des tarifs; cependant, comme le disait, le 8 février dernier, M. Pouyer-Quertier à la Société des Agriculteurs de France : « Les droits imposés à l'entrée des produits étrangers en France ne pèsent pas, comme l'ont voulu dire certains économistes, sur le consommateur; le droit de 5 f sur les blés n'a pas fait renchérir le prix du pain. »

D'après les libre-échangistes, chaque pays doit se consacrer exclusivement aux industries pour lesquelles il a le plus d'aptitude, suivant son génie industriel et la nature de son sol. Si chaque nation, disent-ils, ne s'occupait que des industries auxquelles elle est le plus apte, toutes pourraient donner au meilleur marché possible, dans les échanges qu'elles auraient à faire entre elles, la somme la plus considérable de produits.

Une pareille théorie ne supporte pas l'examen, car nous fabriquons aujourd'hui un grand nombre de produits qui nous venaient de l'étranger, il y a cinquante ou cent ans, et qui oserait soutenir que l'on ne doit pas encourager les créateurs de nouvelles industries? A tout moment, les inventions ou les perfectionnements de procédés industriels font que des nations, qui ne pouvaient pas produire autrefois certains articles, en deviennent capables.

D'autres arguments, que l'on invoque encore en faveur des traités de commerce, sont aussi faciles à réfuter que ceux que je viens de signaler et qui sont les principaux.

Néanmoins, il faut reconnaître que les traités de commerce pourraient être admis dans certaines circonstances et qu'ils ne sont point dénués de tout avantage; chez nous, ce qui a produit des résultats déplorables, c'est surtout la façon dont ils ont été contractés, et, sur ce point, les traités de 1882 sont encore plus mauvais que ceux de 1860.

Un grand revirement d'opinions se fait à l'heure actuelle et le courant devient irrésistible. Les libre-échangistes eux-mêmes jettent aujourd'hui les traités de commerce par-dessus l'eau. « Ce sont les théoriciens de la protection qui les ont inventés » dit l'un des plus marquants d'entre eux, M. Léon Say; est-ce que Michel Chevalier et Cobden étaient des protectionnistes? Un autre libre-échangiste non moins connu, M. Leroy-Beaulieu, rédacteur en chef de l'*Économiste français*, qui a mené, de 1878 à 1882, une campagne des plus énergiques en faveur des traités de commerce et de l'abaissement des droits de douane au taux le plus bas, reconnaît « que la crise agricole, le phylloxera, des erreurs manifestes et regrettables que renfermaient les traités de commerce de 1881, puis le courant général de l'opinion européenne et l'exemple donné par d'autres nations, notamment l'Allemagne et l'Italie, ont incliné chez nous les pouvoirs publics, et notamment le Parlement, à une réaction économique d'un caractère prononcé (1) ». Le libre-échange, ajoute-t-il, ne correspond pas à un programme pratique actuel et la question se pose seulement entre les droits modérés et les droits excessifs, entre la taxation universelle et tous les articles étrangers quels qu'ils soient, à l'exception de ceux dont la franchise est indispensable à la prospérité de nos industries.

Ce qui se passe en ce moment en Amérique mérite de notre part une grande attention. Un congrès panaméricain se tient à Washington, où tous les représentants de l'Amérique du Nord, de l'Amérique centrale et de l'Amérique du Sud délibèrent sur les moyens de resserrer leurs liens économiques à l'exclusion de l'Europe. La réalisation de ce plan présente à l'heure actuelle des difficultés considérables, mais avec le temps ne parviendra-t-on pas à les surmonter? Si cette union venait à être réalisée, elle aurait pour conséquences probables, presque certaines, la fermeture aux Européens des marchés de l'Amérique. L'industrie française, et plus particulièrement l'industrie parisienne, en recevrait un coup terrible : ce serait pour nous un véritable désastre économique.

D'un autre côté, s'il se produisait au centre de l'Europe un Zollverein ou union douanière, entre l'Allemagne, l'Autriche, l'Italie et quelques autres puissances dont on a parlé, que deviendrait la situation économique de la France? Nous serions entraînés dans une crise épouvantable, sinon fatale!

Dans ces circonstances, nous devons conserver notre liberté d'action et ne pas recommencer la faute que nous avons commise en 1882. Après la conclusion des traités qui nous liaient les mains pendant une période déterminée, un certain nombre de puissances auxquelles nous avions accordé des concessions se sont empressées de relever les droits de leur tarif général autant qu'elles le pouvaient (Allemagne, 1885, — Angleterre, 1888, — Autriche-Hongrie, 1887, — Belgique, 1882, — Espagne, 1886, — Norvège, 1885, — Suède, 1888, — Suisse, 1887, etc.), et nos engagements antérieurs nous ont empêché de défendre notre marché intérieur contre l'invasion des produits étrangers. Il nous

(1) L'Économiste Français, 1er février 1890.

faut revenir aux vrais principes, au régime de l'indépendance.
N'est-ce pas le moment de méditer ce que disait un jour M. de
Bismarck à l'ambassadeur de France à Berlin :

« Quand je manque d'un produit, j'ouvre les frontières et je
laisse entrer. Quand le produit existe en quantité suffisante, je
frappe les similaires étrangers de droits plus ou moins élevés, suivant les circonstances. Quand il y a surabondance, je ferme la
frontière et j'accorde des primes à l'exportation. Je ne me lie avec
personne. »

Le système du chancelier a assuré le développement industriel
de l'Allemagne : nous ferons sagement de nous en inspirer à l'occasion.

L'abandon des traités de commerce s'impose donc à l'heure
actuelle et il est accepté à peu près unanimement ; — aussi, il ne
semble y avoir de discussion que sur le choix du régime à adopter
pour l'avenir.

La solution la meilleure semble être celle du régime des deux
tarifs, l'un *minimum*, qui serait réservé aux nations qui nous traitent favorablement, l'autre *maximum*, qui serait opposé aux pays
qui nous refusent les avantages qu'ils accordent à d'autres États
ou dont le régime économique serait trop dur pour notre production.

Ce régime présente une grande analogie avec le système actuel
qui comporte deux tarifs : le tarif conventionnel (qui serait rem-
placé par le tarif *minimum*) pour les pays avec lesquels nous avons
des traités de commerce, et le tarif général (qui deviendrait le
tarif *maximum*) appliqué aux produits des pays avec lesquels nous
ne sommes point liés par des conventions. — Mais il présente sur le
système actuel de très grands avantages, car nous serions absolument maîtres de modifier à tout moment, suivant nos besoins, les
droits portés dans l'un et l'autre de ces tarifs, tandis qu'actuellement nous ne pouvons pas toucher au tarif conventionnel. — En
outre, le tarif minimum, qui est le plus important, serait établi
au grand jour, discuté au Parlement, tandis qu'aujourd'hui le
tarif conventionnel est établi par des commissaires, réunis autour d'un tapis vert et cherchant chacun à obtenir les plus
grandes concessions à l'avantage de leur pays, concessions qui ont
souvent été faites bénévolement par la France, sans réciprocité,
les traités de 1882 surtout en sont la preuve la plus manifeste.

Si l'on établit les prix de revient comparatifs entre les produits
de plusieurs de nos industries nationales, et les produits similaires
étrangers, on constate que nos concurrents fabriquent beaucoup

de produits à des prix inférieurs à ceux auxquels nous pouvons les obtenir nous-mêmes, il nous est par suite impossible de soutenir la concurrence à moins que des *droits compensateurs* ne ramènent l'équilibre. Les tarifs de douane doivent être établis de façon à assurer l'existence de notre industrie manufacturière tout aussi bien que celle de notre industrie agricole. Celle-ci, de plus en plus écrasée par la concurrence étrangère, ne peut plus supporter une situation, qui, si elle se prolongeait encore un peu, serait sa ruine fatale à brève échéance.

En reprenant notre liberté d'action à l'égard des autres pays, nous ne devons pas nous isoler d'eux ; tout en demeurant maîtres de notre marché intérieur, nous ne devons pas élever autour de nous une muraille de Chine ; il faut établir des tarifs de préservation nationale et non des tarifs de combat.

Si le système de la protection s'impose aujourd'hui comme une nécessité nationale, et tout le monde paraît d'accord pour assurer ce résultat, il faut bien se garder d'en pousser trop loin l'application. — Il y a une limite qu'on ne saurait dépasser sans tomber dans un autre inconvénient : celui d'atteindre les consommateurs en protégeant trop les producteurs, et, par l'exagération de la faveur accordée à ceux-ci, d'augmenter pour ceux-là le prix des objets nécessaires à la vie. Le tout est de faire de la protection à propos et dans une juste mesure.

[colophon illegible]

LES

TRAITÉS DE COMMERCE

ET

LEUR RENOUVELLEMENT

DISCUSSION A LA SOCIÉTÉ DES INGÉNIEURS CIVILS

Séances des 25 avril, 2 et 16 mai 1890.

M. J. FLEURY a la parole pour répondre au mémoire de M. E. Bert (1).

M. J. FLEURY rend hommage à la partie du travail de M. Bert consacrée à l'historique des traités de commerce, qui a été exposé avec beaucoup de précision et une grande exactitude. Il constate, quant à la seconde partie, que la question soulevée par l'approche de la date d'expiration des traités de commerce est celle du plus ou moins de liberté donnée à l'échange. C'est donc entre le libre-échange et la protection que la question est posée, et il semble à M. Fleury que c'est ainsi qu'au fond elle est apparue à M. Bert, puisqu'il a constamment opposé la protection au libre-échange. M. Fleury n'attribue pas au seul traité de 1860, quelle que soit son importance, les variations qu'a pu subir la prospérité depuis cette époque. Bien d'autres événements d'ordre politique, social, financier, et des faits d'ordre naturel ont exercé une influence prépondérante sur le bonheur du pays. Quoi qu'il en soit, il semble à M. Fleury que la richesse publique s'est notablement accrue depuis 1860. Il cite comme preuve à l'appui de cette assertion, l'accroissement des dépôts dans les banques et les établissements financiers, l'augmentation des valeurs successorales, la diminution de la valeur de l'argent. Il cite encore les charges considérables que le pays a su et sait encore supporter : les charges de la guerre, les budgets toujours en augmentation. Il en conclut qu'on ne doit pas considérer cette période de la vie sociale comme absolument malheureuse, au moins au point de vue matériel. M. Fleury fait alors remarquer que M. Bert ne s'est pas arrêté à cet ordre de considérations et que pour lui le criterium de la prospérité

(1) Voir le compte rendu de la séance de la *Société des Ingénieurs civils*, du 21 février 1890.

3

publique semble être la *balance du commerce*. M. Fleury ne partage pas à cet égard l'opinion de son collègue : il ne croit pas que lorsque l'importation surpasse l'exportation, la différence se traduise par une sortie de numéraire : il ne croit pas que le relevé des douanes puisse être assimilé à autre chose qu'à un livre d'entrée et de sortie de magasin : c'est un livre tout à fait auxiliaire dans la comptabilité de cette grande maison de commerce, à laquelle les partisans de la balance veulent assimiler la France. Le livre important, celui qui pourrait révéler le résultat final de l'opération, c'est le compte Profits et Pertes ; la douane ne peut pas le fournir.

M. Fleury fait observer d'ailleurs que les opérations du commerce extérieur ne se résolvent pas toujours par l'échange, et que l'exportation sert à solder soit des engagements, soit des dettes contractées à l'extérieur. C'est ce qui est arrivé dans les deux périodes de 1803-67 et 1873-76 signalées par M. Bert, et où les exportations ont été supérieures à l'importation. Il cite l'Égypte, l'Irlande, l'Inde, pays constamment exportateurs, et se demande s'il en résulte pour eux une grande prospérité.

M. Fuzrat entre ensuite dans quelques détails sur la nature des opérations de notre commerce extérieur.

Il fait ressortir l'importance de nos affaires avec l'Angleterre et établit que nous souffririons plus qu'elle d'une tension dans les rapports commerciaux. L'effet inverse s'est produit avec l'Italie. Mais quand les relations deviennent difficiles, les deux parties en souffrent. M. Fleury, de l'examen de nos affaires avec l'Allemagne, conclut qu'il ne faut pas exagérer l'influence que peut avoir l'article 11 du traité de Francfort. Il croit d'ailleurs que tout traité étant un contrat synallagmatique peut être avantageux aux deux parties contractantes.

Il constate que nous importons surtout des denrées alimentaires et des matières premières nécessaires à l'industrie.

D'après lui, on n'importe les unes et les autres que parce qu'on ne les trouve pas en quantité suffisante dans le pays; nous allons les chercher, l'étranger ne nous les impose pas, et M. Fleury s'élève contre l'abus des mots d'invasion, d'envahissement, d'inondation, qui ne répondent pas à la réalité. Il constate également que, dans cette situation, on ne peut pas arriver à prélever sur l'étranger ce qu'on a appelé des *droits compensateurs*.

Par contre, nous exportons beaucoup plus d'objets fabriqués que nous n'en importons, ce qui lui paraît un indice de l'activité féconde et de la valeur du travail national.

Il en conclut qu'on doit avoir la préoccupation d'éviter toute mesure qui pourrait porter atteinte à la productivité du travail, — et les droits de douane lui paraissent au premier chef rentrer dans cette catégorie. Ils élèvent le prix des choses à l'intérieur, et les partisans de la protection ne nient pas que c'est là le but qu'ils poursuivent. La façon dont ce droit est perçu fait peut-être que le consommateur ne s'en aperçoit pas toujours distinctement. Il n'en est pas moins certain que l'élévation du prix, si minime soit-elle sur chaque objet consommé, a pour résultat définitif de diminuer les ressources que le consommateur n'obtient que par son travail, — et M. Fleury en déduit que le droit de douane rend le travail moins fécond et moins productif.

La productivité du travail se mesure d'ailleurs à l'abaissement du prix de revient. Les éléments du prix de revient sont : les intérêts des capitaux, les frais d'administration et de direction, la main-d'œuvre, la valeur de l'outillage, le prix des matières premières. Il croit que les intérêts des capitaux, les frais de direction et d'administration sont à peu près les mêmes dans tous les pays producteurs. Il croit que les différences entre les prix de la main-d'œuvre vont chaque jour s'atténuant, — et il en conclut que si nos industries avaient les matières premières et l'outillage dans des conditions analogues à celles des pays voisins, il n'y aurait plus aucun motif d'infériorité prétendue ou réelle.

Il s'attache à montrer que dans l'élaboration des produits nécessaires à l'homme, toutes les industries se succèdent et s'enchaînent; que la matière première de l'une est le produit fini de la précédente, et il arrive ainsi aux grandes industries extractives qui font sortir du sol les éléments de tout ce qui doit être ensuite par les autres industries adapté à notre usage.

Des statistiques il résulte que l'agriculture française ne fournit qu'une faible fraction des produits bruts élaborés par les autres industries.

M. Fleury cite notamment les matières textiles, les cuirs, les graines oléagineuses, ce qui justifie et explique la demande qui en est faite à l'étranger. — Si le droit de douane intervient, toutes les industries s'en ressentent. — Aussi peut-on constater que dans le mouvement actuel, tout protectionniste qu'il soit, un grand nombre de chambres de commerce protestent dès maintenant contre les droits sur les matières premières.

Les conséquences du droit de douane paraissent encore plus graves à M. Fleury, lorsqu'il s'agit des denrées nécessaires à la subsistance. Tout le monde est alors directement atteint dans ses ressources, car boire et manger sont deux besoins impérieux qu'il faut d'abord satisfaire.

M. Fleury croit, en particulier, que le droit de 5 francs sur le blé est un lourd impôt prélevé sur le pays, et dont la majeure partie ne profite qu'à quelques-uns. Il rappelle à ce sujet que le motif allégué en faveur de ce droit est que le prix de revient du blé est supérieur au prix de vente. Mais le prix de revient que l'on a cité est une moyenne; on a donc calculé d'après ce prix de revient moyen — ce qui conduit à accorder beaucoup à ceux qui produisent dans des conditions meilleures que le prix de revient moyen — et à ne donner qu'un secours insuffisant à ceux qui sont dans des conditions moins bonnes. M. Fleury croit d'ailleurs que la plus grande partie de la majoration résultant des droits de douane ne restera pas aux mains du cultivateur, mais ira au propriétaire de la terre, sous forme d'augmentation du prix du fermage.

M. Fleury pense qu'il y a d'autres services à rendre à l'agriculture, en l'instruisant, en mettant à sa disposition le capital et les exemples, en réformant certaines lois qui gênent son développement économique. Il constate que des hommes ayant à la fois une grande science et un dévouement admirable, parmi lesquels il croit devoir citer M. L. Grandeau, se sont adonnés à cette œuvre. Il souhaite avec ardeur pour le bonheur et la grandeur de notre pays que leur parole soit écoutée, leurs conseils suivis.

En ce qui concerne l'industrie minière, M. Fleury constate que les conditions de l'extraction des combustibles minéraux sont très améliorées dans les plus importants des bassins français, et il croit que la protection n'est pas nécessaire à cette industrie qui fournit à toutes les autres l'élément le plus nécessaire de leur activité. Il fait ensuite remarquer que les mines métalliques ne sont l'objet d'aucune protection ; ce qui constitue une inégalité.

Relativement à l'industrie métallurgique, M. Fleury fait remarquer qu'elle a eu l'heureuse fortune d'être toujours dirigée par des hommes de la plus haute valeur, instruits, et sachant utiliser toutes les indications de la science. Elle a fait des progrès merveilleux, et dans certaines régions elle est arrivée à fonctionner dans des conditions qui lui permettent de concurrencer victorieusement sur les marchés étrangers les produits similaires. Il est vrai qu'il n'en est pas de même partout, et que dans la région du Centre, dans la Loire, l'industrie métallurgique est en souffrance, par suite, en grande partie, des conditions nouvelles introduites dans la production par des découvertes récentes; mais M. Fleury constate que l'industrie dans ces régions s'est transformée : on ne peut plus faire économiquement le produit brut ; mais on fait, et avec succès, le produit fini. C'est la voie dans laquelle il faut entrer. S'appuyant sur des citations de MM. Euverte et Périssé, M. Fleury croit que la fabrication des produits finis, de ceux dont l'exécution exige de l'intelligence. de la critique, du goût, est évidemment celle qui convient au génie de notre race.

Il cite, comme preuve à l'appui, certains produits fabriqués, les tissus, les soieries en particulier, les machines, les ouvrages en métaux, qui, nonobstant les droits de douane qui pèsent sur tout ou partie de leurs matières premières, tiennent une si grande place dans notre exportation. M. Fleury ne croit pas d'ailleurs que ces transformations ou ces déplacements puissent provoquer des crises douloureuses au sein de la population ouvrière. Ces crises seront, en tout cas, infiniment moins douloureuses, moins profondes, moins durables que celles que provoquerait dans les grandes industries des produits définitifs, tissus, bimbeloterie, tabletterie, quincaillerie, dont le personnel est si nombreux, l'élévation de prix des matières premières.

Concluant, M. Fleury trouve à la protection ce double caractère : elle diminue l'effet utile du travail national ; elle s'exerce inégalement, non seulement dans le sein d'une même industrie, mais encore d'une industrie à l'autre, et surtout elle ne peut rien, quoi qu'on promette, pour compenser les charges qu'elle impose à tous ceux dont le produit est le travail, et c'est le plus grand nombre. Elle aboutit donc à l'appauvrissement du pays et à l'injustice. M. Fleury veut espérer que si, néanmoins, on en fait l'expérience, le pays sera un jour désabusé et abolira enfin le tarif des douanes. Ce sera, dit M. Fleury, en citant Montalembert, non le triomphe d'une opinion, mais la glorieuse et légitime conquête de la raison, de la justice et de la charité sociale. *(Applaudissements.)*

M. LE PRÉSIDENT rend hommage au plaidoyer éloquent de M. Fleury en faveur de la liberté commerciale et le remercie, au nom de la Société, de la chaleur et du sentiment de profonde conviction avec lesquels il a développé ses arguments. Il ne lui appartient pas encore de résumer les théories en présence, ni de donner son avis; il croit cependant devoir protester contre l'opinion émise par notre honorable collègue, que rien ne serait plus facile aux ouvriers métallurgistes que de changer de profession. Il lui a été donné de voir, malheureusement plus d'une fois, des usines dans la nécessité de renvoyer une partie de leur personnel ouvrier et il a toujours constaté que lorsque celui-ci ne retrouvait pas des occupations similaires, il était dans la nécessité, après de nombreuses souffrances, d'accepter de ne remplir que des fonctions de manœuvre.

M. CORNUAULT dit qu'il n'était nullement préparé à répondre à M. Fleury et qu'il ne demande la parole que pour présenter quelques rectifications matérielles sur les points de sa compétence.

Il fera, cependant, tout d'abord remarquer que M. Fleury semble avoir laissé totalement de côté l'intérêt qui s'attache à conserver du travail en France; faire autre chose n'est pas toujours aussi facile ni désirable qu'il semble: tout consommateur est doublé d'un producteur, et l'ouvrier, consommateur annuel d'un kilogramme de coton, pour citer un exemple, ne regretterait guère les 0,10 f ou 0,15 f par an que lui vaudrait une augmentation de droits de 10 f ou 15 f les 100 kg ou même beaucoup plus, si cette augmentation devait maintenir l'industrie qui le fait vivre en France et lui conserver, avec du travail, son salaire quotidien.

M. CORNUAULT, abordant les rectifications matérielles, dit qu'il a été bien surpris d'entendre M. Fleury parler de la revendication du droit de 2 f par tonne sur la houille étrangère introduite en France, qui serait faite par les producteurs de houille nationale? Ses relations avec les bassins du Nord et du Midi lui permettent d'affirmer qu'il n'en est rien et qu'il doit y avoir là quelque malentendu; l'industrie houillère, dans sa généralité, ne demandant rien de plus que le *status quo*, c'est-à-dire le droit de 1,20 f. Ce droit est très faible si on le compare aux prix généralement variables entre 20 f et 30 f, dans les périodes normales, auxquels revient le charbon, non pas à la mine, mais au pied de la chaudière ou autre qui le consomme; mais on ne saurait s'en passer, et en présence des 9 à 10 millions de tonnes que la France demande annuellement à l'étranger, alors que l'intérêt vital de la nation, à tous les points de vue, est d'avoir une production nationale aussi voisine que possible des besoins de sa consommation, ce qu'il faut, c'est encourager l'industrie houillère à produire davantage, et pour cela lui permettre de réaliser des bénéfices, dans les périodes normales j'entends, celle que nous traversons absolument exceptée. C'est là le but du droit dont on demande le maintien et non la *majoration*.

Pour *la fonte*, M. Fleury a cité, par erreur, le droit de 20 f la tonne; il n'est que de 15 f, soit 25 0/0 en moins; de plus il est en pratique beaucoup plus faible, et souvent le trafic bien connu des acquits-à-caution a permis de payer moins de la moitié du droit. Il n'a donc rien d'excessif, et si l'on fait le percentage par rapport à la valeur de la fonte de qualité moyenne, revenant, par exemple, à 90 ou 100 f la tonne, on n'approche guère du chiffre de plus de 30 0/0, cité par M. Fleury.

M. Cornuault insiste, en terminant, sur la nécessité de conserver en France du travail à l'ouvrier.

M. Fleury répond que les chiffres qu'il a cités émanent de documents officiels; par exemple, il a trouvé celui de 2 f pour le droit sur la houille dans le cahier des réponses de la Chambre de commerce de Saint-Étienne au questionnaire du Ministre du Commerce.

M. Euverte explique qu'il a été question d'établir deux tarifs, l'un minimum, l'autre maximum, et qu'en effet la Chambre de commerce de Saint-Étienne a indiqué le chiffre de 2 f comme tarif maximum, mais en France tout le monde est d'accord dans l'industrie houillère pour réclamer le maintien du *statu quo.*

M. Euverte ajoute que M. Fleury a parlé avec un grand talent, mais qu'il s'est placé à un point de vue qui devient très rare en France. M. Bert disait l'autre jour qu'il n'y avait plus de libre-échangiste; il y en a encore un, c'est M. Fleury! *(Rires et applaudissements.)*

M. Euverte, dans l'étude qu'il a faite de la question et qu'il exposera à la prochaine séance, déclare qu'il n'avait pas pensé au libre-échange : c'est là une idée théorique comme celle du désarmement; quand les Russes, les Allemands, les Américains ne se protégeront plus, nous ne nous protégerons plus. M. Euverte croit, par contre, qu'il faut se mettre en garde contre l'exagération de la protection. Les Ingénieurs, qui sont l'âme de l'industrie, sont bien placés pour étudier cette importante question, et la discussion ouverte en ce moment devant la Société sera d'un grand poids.

M. Gassaud, répondant à M. Fleury, dit qu'en fait de droits compensateurs, ce qu'on demande c'est que les produits étrangers qui viennent profiter de nos canaux et de nos chemins de fer participent aux charges nationales; il cite l'exemple des maïs, des mélasses, qui peuvent venir concurrencer les produits indigènes sans avoir à supporter les mêmes charges.

M. Fleury pense que l'élévation des droits de douane empêchera l'introduction de choses nécessaires à l'alimentation française. Cela n'est pas à craindre, car il faudrait à cet effet des droits prohibitifs qui ne seraient plus alors une ressource pour le Trésor. M. Fleury a critiqué le droit sur les blés et les farines, qui permet l'introduction en franchise du produit fabriqué : le pain; dans le nouveau tarif cette *fissure* n'existera pas, car on aura soin d'ajouter pour chaque produit : « et tous ses dérivés »; d'ailleurs, pour le pain étranger, l'inconvénient n'est pas grave, car dans les grands centres de consommation, tels que Paris par exemple, on ne se contenterait pas de pain qui aurait voyagé, n'eût-il fait que 20 km. M. Fleury a dit qu'au lieu de demander la protection aux droits de douane, il fallait perfectionner l'outillage national; mais, comme l'a dit M. Cornuault, pour cela, il faut gagner de l'argent, et si l'on travaille à perte, on n'ira pas immobiliser des capitaux nouveaux.

M. Gassaud estime que, pour changer toute la législation comme le voudrait M. Fleury, il faudrait bouleverser tout le Code civil, ce qui pourrait durer un siècle.

Pour la question des engrais, il est vrai que l'Angleterre en importe plus que nous, mais cela tient à ce que les gisements de phosphate sont précisément situés en France ; M. Grandeau a même proposé d'en interdire l'exportation. Quant aux guanos, ils ne sont plus de mode aujourd'hui.

En terminant, M. Gassaud estime que M. Fleury s'est trompé en disant qu'il y a un courant protectionniste en ce moment ; ce qu'on demande c'est *l'égal échange*, l'égalité devant l'impôt, que l'on ne peut refuser à l'agriculture et à l'industrie françaises vis-à-vis des produits étrangers.

M. le Président, donne la parole à M. J. Euverte pour répondre à M. Fleury.

M. Euverte rappelle que, dans les quelques paroles qu'il a prononcées à la dernière séance, il avait annoncé son intention de prendre part à cette discussion, uniquement dans un but modérateur. Il a constaté et il pense que tout le monde constatera comme lui que, depuis un certain nombre d'années, les idées protectionnistes ont fait en France un progrès considérable, tellement considérable qu'il faut se demander s'il n'y a pas à craindre que les esprits ne se laissent entraîner un peu loin dans cette voie.

Il se disposait donc à traiter surtout la cause de la modération dans le système protecteur, lorsque M. Fleury est venu introduire dans la discussion le libre-échange dogmatique et absolu, qui paraissait devoir rester en dehors.

M. Euverte n'entreprendra pas de faire ici un examen complet de ce qu'a dit M. Fleury ; celui-ci a dit beaucoup de choses, il a fait un travail considérable qu'il n'y a pas lieu de refaire après lui.

M. Fleury a soutenu la thèse du libre-échange absolu ; c'est là une idée qui, au premier abord, peut paraître séduisante, et il n'y a presque pas d'homme qui, dans sa jeunesse, n'ait trouvé que le libre-échange était une vérité incontestable. Mais aussitôt que l'on touche à l'industrie, et que l'on arrive à avoir une responsabilité, si petite soit-elle, les appréciations se modifient beaucoup, et l'on arrive à voir que cette liberté absolue peut être une vérité, mais une vérité sans application pratique.

Il est bien probable qu'à l'origine des sociétés, les hommes n'ont pas songé à établir des droits de douane ; mais à partir du moment où les sociétés sont devenues ennemies, à partir du jour où elles se sont fait la guerre et ont voulu pénétrer de leur domaine sur celui des nations voisines, la liberté du commerce n'est plus absolue, et l'idée des barrières apparaît. Nous verrons plus loin à quelles conditions certains peuples ont accepté la liberté de commerce ; nous verrons quand, comment et dans quelles conditions ils l'ont acceptée.

M. Fleury a reconnu, d'ailleurs, que jusqu'à ce jour le libre-échange n'a jamais été appliqué en France ; cela est vrai. Les traités de 1860 ne constituaient pas le libre-échange. On a eu le tort de les faire trop rapidement, presque par surprise ; le pays n'était pas prêt pour cette révolution subite. Ce fait est établi dans la lettre du 5 janvier 1860, dans laquelle on disait à la France :

« Nous allons faire des routes, des canaux, des chemins de fer, au moyen desquels vous aurez la facilité de lutter contre les industries étrangères. »

Malheureusement, cela n'a pas été fait, et nous avons été tous surpris par cette secousse, où le mal a été plus grand qu'on ne peut le croire, et cela par des raisons qui n'ont point été appréciées exactement tout d'abord. Lorsque les traités de commerce de 1860 ont été faits, on a dit à toutes les industries :

« Développez-vous ! »

On a mis à la disposition de l'industrie une somme dérisoire de 40 millions pour lui permettre les immobilisations indispensables. La production s'est développée, mais on s'est appauvri au point de vue du capital, et l'on est entré ainsi dans une mauvaise voie pour l'industrie ; les capitaux devenaient insuffisants. Puis, les difficultés sont venues, les embarras se sont multipliés, et finalement l'industrie a éprouvé de graves mécomptes à la suite de ces traités de 1860.

Mais ce n'était point là le libre-échange absolu, M. Fleury le reconnaît lui-même.

M. Euverte demande s'il est possible aujourd'hui de songer à appliquer les doctrines du libre-échange ? Que voyons-nous autour de nous depuis vingt ans ? L'Amérique a augmenté les droits de douanes jusqu'à la prohibition, l'Allemagne, l'Italie et presque tous les pays d'Europe sont devenus protectionnistes ; partout nous voyons l'idée protectionniste se développer ; est-ce le moment de nous désarmer ? Non, certainement.

Si, aujourd'hui, on donnait le pouvoir à M. Fleury et qu'on lui dise : Faites ! On peut affirmer qu'il n'oserait pas appliquer le libre-échange absolu, il ne le pourrait pas, il ne le voudrait pas ; il éprouverait le plus grand embarras pour l'application équitable et raisonnée de son système et serait obligé de se livrer à une enquête sérieuse, ce qui est le contraire de la doctrine libre-échangiste.

Lorsqu'on voit un homme sérieux, intelligent, comme M. Fleury, que vous appréciez et que vous estimez tous, arriver à l'idée du libre-échange on se demande comment cela est possible ?

M. Euverte pense qu'il n'est pas sans intérêt de rechercher par quelles considérations particulières les esprits sont attirés vers le libre-échange ou vers la protection ; il croit que suivant l'idée que l'on se fait du commerce ou de l'industrie on est attiré vers l'un ou vers l'autre des systèmes.

Ceux qui sont exclusivement commerçants sont très portés vers les idées libre-échangistes.

Quel est le rôle du commerçant ? Il achète, il vend lorsqu'il trouve un bénéfice et tout est dit. Il lui importe peu que la marchandise soit française ou étrangère ; le bénéfice, tel est le point essentiel.

Mais il n'en est pas de même dans l'industrie. Si vous prenez l'industriel agriculteur, il sait bien comment il produit, mais il ne peut pas savoir comment il vendra ; il n'en sait rien !

Il faut bien reconnaître que cette situation est grave et n'a rien de commun avec celle du négociant. Vous avez une très bonne récolte, vous avez une grande abondance, vous vendez à un prix bas, qui peut être encore suffisamment rémunérateur s'il n'est pas troublé par l'arrivée des blés étrangers. Mais s'il survient une mauvaise récolte, combinée également avec une importation étrangère d'autant plus considérable, quelle est la situation du producteur ?

L'industriel, à la rigueur, peut limiter sa production, bien que cela ne soit pas toujours facile ; on arrête ses broches, ses métiers de tissage ou ses laminoirs, on peut limiter sa production aux besoins. Mais l'agriculteur ! il ne le peut pas ! Il récolte beaucoup ou peu, et il vend suivant le cours du marché qui peut être profondément troublé par l'importation étrangère.

Ces considérations pourraient être appliquées à un grand nombre de nos industries, et il est facile de comprendre que le producteur ne se laisse pas aller aussi facilement que le commerçant aux idées libre-échangistes.

Il faut reconnaître, toutefois, que M. Fleury s'est placé au point de vue de l'industrie quand il a parlé des prix de revient, la question mère de l'industrie. L'agriculture ne sait guère ses prix de revient ; l'industrie les connaît, en général, et c'est parce qu'elle étudie sérieusement cette question des prix de revient qu'elle est plus portée vers le système protecteur ; les éléments principaux des prix de revient, aussi bien dans l'industrie agricole que dans l'industrie manufacturière, sont : les intérêts des capitaux, la main-d'œuvre, les matières premières et les frais généraux. Si nous examinons ces divers éléments de la question et si nous comparons la situation de la France à celle de l'Angleterre, de l'Allemagne, de la Belgique, etc., nous remarquerons que la France est dans un état d'infériorité très réelle à tous les points de vue.

En Angleterre, on trouve aisément de l'argent à 3 0/0 ; l'industrie trouve, à ce taux, tous les capitaux qui lui sont nécessaires.

En France, personne ne donne de l'argent à moins de 6 0/0 pour l'industrie ! Et si on fait un prospectus, on promet 20 0/0.

La main-d'œuvre est chère, en France, d'une manière absolue, relativement à la Belgique et à l'Allemagne ; elle est, en apparence, moins chère qu'en Angleterre ; mais il est permis de penser que, dans ce dernier pays, l'ouvrier, mieux nourri, produit plus et, finalement, la main-d'œuvre y est peut-être plus avantageuse.

En ce qui concerne les matières premières, il est incontestable que l'Angleterre, l'Allemagne, la Belgique sont plus favorisées que la France ; c'est là un point sur lequel il est à peine besoin d'insister, et tout le monde reconnaît cette supériorité de nos rivaux en industrie.

M. Euverte aborde la question des frais généraux, parmi lesquels se trouve l'impôt. M. Fleury a établi que l'impôt total s'élève actuellement, en France, à la somme énorme de 4 611 000 000 !

Il a presque fait gloire au pays de supporter cette énorme charge : nous la supportons, oui, mais nous la supportons péniblement !

M. Fleury évalue le nombre des travailleurs français à 17 millions ; si l'on admet que les résultats directs de ce travail représentent 20 milliards, l'impôt de 4 600 000 000 représente 23 *pour cent* de la valeur totale du travail ; n'est-ce pas là un chiffre énorme !

Les partisans du libre-échange ne peuvent pas nous demander de ne pas tenir compte de cet impôt quand nous faisons des achats à l'étranger ! Il ne faut pas oublier, d'ailleurs, que J.-B. Say, l'un des initiateurs de la science économique, ne voulait pas qu'on fît entrer un produit étranger sans lui demander au moins l'impôt que paient les producteurs français ; et, quand nous demandons, aujourd'hui, *un droit compensateur* moyen de 30 0/0, nous avons bien le droit de dire, en présence de l'énormité de l'impôt, que nous ne sortons pas des limites raisonnables.

M. Euverte fait remarquer à M. Fleury qu'il est allé peut-être un peu loin lorsque, dans la discussion, il a opposé les intérêts des ouvriers à ceux des patrons. Il a compté *six millions* de patrons ; mais alors il comprend dans ce nombre tous ces petits artisans : serruriers, maréchaux, ferblantiers, cordonniers, etc., qui ont un ou deux ouvriers, et dont le sort n'est pas sensiblement différent pour les uns et pour les autres. Il n'est guère possible de trouver là l'antagonisme entre patrons et ouvriers.

Veut-on faire, au contraire, allusion à la grande industrie ? Il ne faut pas alors compter les patrons par millions, et il ne faut pas oublier que l'antagonisme auquel on fait allusion est, en France, à l'état d'exception ; tout le monde sait qu'en France la grande industrie s'est constamment préoccupée, avec le plus grand soin, du bien-être matériel et moral des ouvriers qu'elle emploie ; et, si la grande industrie demande des droits compensateurs, si elle demeure très rebelle à la doctrine du libre-échange, c'est qu'elle ne veut pas laisser envahir le pays par les produits étrangers et sacrifier ainsi le travail national, au détriment des populations ouvrières qu'elle se fait un devoir de défendre contre les entraînements des doctrines fallacieuses du libre-échange.

La distinction entre patrons et ouvriers est aussi peu admissible que celle entre *producteurs et consommateurs.*

Nous sommes tous producteurs et consommateurs en même temps, et beaucoup d'entre nous ont traversé des circonstances dans lesquelles, le pain étant à bas prix, certains ouvriers se trouvaient encore très malheureux, parce que, n'ayant point de travail, ils n'avaient même pas à leur disposition la modique somme nécessaire pour acheter le pain, même à très bas prix.

M. Euverte fait remarquer, d'autre part, que, revenir aujourd'hui aux idées libre-échangistes, c'est vouloir marcher absolument en sens inverse de l'opinion publique, qui, depuis vingt ans, a fait des progrès considérables sur cette question.

Il fait remarquer plus particulièrement l'attitude prise, dans cette question, par M. V. Contamin, Président de la Société des Ingénieurs civils. Personne n'a oublié que, dès le commencement de cette discussion, le Président a appelé la plus sérieuse attention de tous sur cette question des traités de commerce, qui présente une importance capitale, aussi bien pour l'industrie que pour l'agriculture. N'est-ce pas un fait nouveau et de première importance que cette question de l'agriculture ainsi posée devant les Ingénieurs civils? N'est-ce pas le signe de sérieuses études et de grandes modifications dans les idées?

Qui donc aurait pensé, il y a vingt ans, à mettre l'agriculture en présence de l'industrie, autrement que pour les présenter comme adversaires presque inconciliables sur le terrain économique?

M. le Président a fait en deux mots la philosophie de la question : le mieux est de satisfaire l'agriculture sans nuire à l'industrie; si nous résolvons cette question, nous aurons fait un grand pas vers la meilleure des solutions.

Tous ceux qui ont suivi avec quelque attention la marche des idées économiques depuis cinquante ans dans notre pays, n'ont certainement pas oublié le temps où il n'était pas permis de se dire *économiste*, si l'on n'était pas *libre-échangiste*; *a fortiori*, personne ne pouvait avoir la prétention de devenir professeur, s'il n'appartenait pas à la petite église du libre-échange.

Il faut reconnaître que cette exagération a causé un préjudice considérable au développement des études économiques en France, heureusement, les idées ont subi une profonde modification, et l'on commence à s'apercevoir aujourd'hui que le libre-échange n'est pas toute l'économie politique.

Si l'on considère ce qui est arrivé à la suite des *Expositions universelles*, on constatera, au point de vue économique, une modification analogue à celles que nous venons de signaler.

En 1855, 1867, 1878, la tendance était de faire ressortir les triomphes de la France, et l'on ne manquait pas d'ajouter qu'elle était prête pour le libre-échange.

La France vient de montrer au monde entier la plus grande et la mieux réussie de toutes les Expositions universelles; jamais triomphe n'a été aussi complet.

Et cependant on ne croit plus au libre-échange, et l'on reste convaincu de la nécessité de la protection.

C'est qu'en effet les expositions, qui peuvent bien donner une idée de l'habileté, du goût, de l'art, de la perfection dans l'exécution, ne donnent aucune idée des prix de revient et de la véritable puissance industrielle.

On est donc revenu à des idées plus justes et plus saines sur ce point, et c'est là un véritable progrès.

M. Euverte fait remarquer que M. Fleury n'est point arrivé à une conclusion positive sur ce qu'il faut faire dans le moment actuel; il a préconisé la doctrine du libre-échange, mais il n'a pas demandé que cette doctrine soit appliquée à bref délai; il faut remarquer, cependant, que la question posée par la communication de M. Bert exige une conclusion; qu'il s'agit de savoir si, oui ou non, on doit renouveler les traités de commerce; que la question du tarif des douanes se trouve, *ipso facto*, à l'ordre du jour, et c'est sur ce point spécial que nous avons à formuler une conclusion.

Il croit donc qu'on ne saurait utilement prolonger la discussion sur le principe absolu posé par M. Fleury, et que le moment est venu de reprendre la question telle qu'elle a été posée par M. Bert.

M. Euverte rappelle que M. Bert a fait à la Société un exposé très complet, très utile, qui était nécessaire pour bien faire connaître à un grand nombre des membres de la Société la situation exacte de la France au point de vue des traités de commerce. C'est là un travail utile et intéressant dont la Société doit remercier M. Bert.

Tous ceux qui ont entendu l'exposé de M. Bert se rappelleront qu'il a insisté particulièrement sur ce point que : « Chacun veut être protectionniste pour soi et libre-échangiste pour son voisin. »

On se rappellera également que ce passage du discours a été vivement applaudi.

C'est qu'en effet le point délicat est là; chacun voit son intérêt et ne veut pas voir l'intérêt de son voisin.

Il faut ajouter que, dans bien des cas, il y a de bonnes raisons pour qu'il en soit ainsi.

Dans la grande industrie, les directeurs, le Conseil d'administration, ont mandat de défendre leur industrie, leurs ouvriers, les capitaux qu'ils représentent; ils se défendent énergiquement sans se préoccuper du voisin ; cela est naturel.

Les Chambres de commerce, les Conseils généraux, le Parlement, obéissent également à un mandat positif; ce mandat n'a rien d'impératif, dans le sens précis de ce mot, mais il devient impératif par l'idée que chacun se fait des devoirs qu'il croit avoir à remplir.

M. Euverte constate que cette situation est extrêmement complexe et difficile, et qu'on ne peut arriver à une solution acceptable qu'à la condition de déterminer aussi exactement que possible la situation réelle de tous les intérêts en présence.

Les tableaux généraux de l'importation et de l'exportation, donnés par M. Bert, représentant des chiffres abstraits, ne suffisent point à établir les divergences d'intérêts des diverses industries.

Si l'on veut étudier sérieusement la question, il faut examiner les états d'importation et d'exportation, tels que les a donnés M. Fleury, d'après les documents de l'administration des douanes.

On trouve alors tous les produits, importés ou exportés, divisés en trois grandes catégories :

Objets d'alimentation.

Matières premières nécessaires à l'industrie.

Produits fabriqués.

Cette division fait ressortir d'une manière très précise les grandes divisions de l'importation et de l'exportation, et montre bien quels sont les intérêts en jeu dans la question et aussi quelle est l'importance de chacun.

M. Euverte se propose de démontrer, à l'aide des chiffres extraits des documents officiels, qu'il y a lieu de décider en principe que la base essentielle de notre régime douanier sera la protection sérieusement établie, aussi bien pour l'agriculture que pour l'industrie.

Il y aura lieu certainement de ménager certaines industries d'exportation et de tenir compte de situations spéciales très intéressantes ; le résultat de l'étude montrera qu'à l'inverse du système libre-échangiste, qui prétend mettre toutes les industries sous un niveau commun de concurrence illimitée, le régime protecteur doit étudier toutes les situations et appliquer à chacun le régime qui lui convient :

La première catégorie qui se présente est celle des *Objets d'alimentation*; c'est dire que, dans ce chapitre, l'agriculture se trouve en cause.

Voici, pendant une période de vingt-cinq ans, quel a été le mouvement de ces produits à l'importation et à l'exportation :

Objets d'alimentation.

	Importations.	Exportations.
	Millions.	Millions.
1865.	498,6	861,0
1875.	801,4	825,8
1880.	1 936,2	827,5
1885.	1 455,3	749,8
1889.	1 407,3	816,8

Il est impossible de n'être pas frappé par l'élévation énorme des chiffres de 1880, comparés à ceux de 1865.

L'étude détaillée des faits montre que les céréales et les vins entrent pour la plus grande part dans cette différence considérable; ces deux éléments, sur lesquels M. Fleury s'est arrêté plus spécialement, méritent en effet une étude spéciale, basée sur des documents officiels spéciaux.

Céréales et Farines.

	Importations.	Exportations.	Prix du quintal de froment.
	Millions.	Millions.	Francs.
1861.	190.0	31,1	31, »
1865.	18,4	119,1	21, »
1867.	318,9	67,4	33,25
1868.	337,6	67,3	28, »
1871.	459,6	46,8	31, »
1874.	331,1	130,1	32, »
1879.	857,4	41,0	31, »
1880.	788,5	62,6	30,50
1886.	262,4	29.9	21,61
1888.	375,4	18,9	24,25
1889.	372,8	95,3	29,50

M. Euverte fait remarquer combien sont importants les chiffres inscrits à ce tableau; il appelle plus particulièrement l'attention sur deux points spéciaux :

En 1879, le droit d'entrée sur le froment était de 0 *fr.* 60 par 100 *kg.*

    Importations . . . . 857 millions.

    Exportations . . . . 44 »

    Prix par 100 *kg.* . . . . 31 francs.

En 1889, le droit d'entrée est de 5 *francs* par 100 *kg.*

    Importations . . . . 372,8 millions.

    Exportations . . . . 93,3 »

    Prix par 100 *kg.* . . . . 24,50 francs.

Ainsi donc, prix plus élevé pour le consommateur au moment où le droit d'entrée était à 0,60 *f*, et importation considérable.

Le droit de 5 *f* par 100 *kg* n'a pas eu pour effet d'augmenter le prix, et il est bien permis de se demander ce que serait devenue l'agriculture, si le droit d'entrée n'avait pas été relevé ?

Pour les vins, la situation est également intéressante :

Vins.

	Importations.	Exportations.
	Millions.	Millions.
1875.	43,8	217,4
1880.	364,0	252,8
1887.	413,7	213,7
1889.	363,0	252,8

L'importation, qui était presque nulle en 1875, s'élève à 415 millions en 1887 ? c'est le budget du phylloxera.

La situation n'est point la même ici que pour les céréales; on ne peut assurément pas se plaindre de l'importation, puisque la France ne produisait pas.

Ce qu'il faut critiquer, toutefois, ce sont les erreurs, comme celles commises à propos du traité avec l'Espagne, dans lequel on n'a pas tenu un compte suffisant du degré d'alcoolisation des vins.

Ce qu'il faut remarquer encore, c'est l'action utile et bienfaisante du commerce, qui a su maintenir l'exportation française, dans les situations critiques imposées à la production nationale.

M. Euverte donne ensuite l'état relatif aux matières premières nécessaires à l'industrie :

Matières premières nécessaires à l'Industrie.

	Importations.	Exportations.
	Millions.	Millions.
1863	1 971,4	812,0
1873	2 319,6	1 006,4
1880	2 317,5	604,0
1885	2 022,8	707,4
1889	2 060,2	784,9

Il est difficile de raisonner sur cette question des matières premières si l'on n'envisage pas en même temps le mouvement des produits fabriqués :

Produits fabriqués.

	Importations.	Exportations.
	Millions.	Millions.
1865	171,8	1 414,8
1875	385,0	1 050,4
1880	545,3	1 808,1
1885	610,3	1 630,9
1889	574,0	1 793,8

On remarquera que l'importation des matières premières est considérable, mais il importe de considérer en même temps que nos exportations de produits fabriqués atteignent couramment une somme de 1 800 millions et quelquefois plus.

C'est pourquoi toutes les questions relatives à l'importation des matières premières doivent être étudiées avec un soin tout particulier.

On appréciera combien ces questions sont importantes si l'on étudie deux points spéciaux, *les laines et les soies :*

Laines.

	MATIÈRES PREMIÈRES		TISSUS DE LAINE	
	Importations.	Exportations.	Importations.	Exportations.
	Millions.	Millions.	Millions.	Millions.
1865	99,8	31,2	38,1	392,6
1873	325,5	86,5	50,9	325,9
1880	370,2	132,5	68,2	370,2
1885	276,4	90,8	96,8	330,1
1889	378,4	151,0	63,6	335,9

En présence de l'énorme exportation des produits fabriqués, exportation qu'il est bien important de ne pas compromettre, on a bien des raisons d'être perplexe sur l'application des droits d'entrée à la matière première.

Mais, d'autre part, il faut bien songer à l'élevage des moutons, qui périclite en France depuis bien des années ; il faut bien remarquer aussi qu'en 1865 l'importation n'atteignait pas 100 millions, et l'exportation était cependant à son chiffre le plus élevé, 392 millions.

Il faut remarquer encore que, sur une importation de laines brutes de 378 millions en 1889, on a pu réexporter, en laines brutes, pour 151 millions.

Dans ces conditions, il paraît possible de faire une part plus large aux laines brutes françaises en inscrivant un droit d'entrée sur les provenances étrangères.

L'étude sur les soies est également intéressante :

Soies.

	MATIÈRES PREMIÈRES		TISSUS DE SOIE	
	Importations.	Exportations.	Importations.	Exportations.
	Millions.	Millions.	Millions.	Millions.
1861	263,6	116,0	4,1	333,3
1865	429,3	219,8	11,2	428,5
1868	514,0	219,7	22,0	452,3
1875	403,0	211,1	37,0	376,5
1887	271,7	141,4	53,4	291,8
1889	260,7	133,4	61,0	247,8

M. Euverte fait remarquer que l'étude attentive de ce tableau fait ressortir une situation des plus délicates au point de vue du droit d'entrée qui pouvait être appliqué aux matières premières.

En effet, avant de se décider à appliquer un droit quelconque, il importe de bien examiner les faits suivants, résultant du tableau ci-dessus :

1° L'on peut constater que pendant une certaine période, concordant avec la maladie aiguë des vers à soie, les importations se sont élevées jusqu'au chiffre énorme de *514 millions*.

2° Pendant la même période, les exportations de soies brutes s'élevaient jusqu'à *220 millions par an*. C'est là un fait considérable, indiquant que les fabricants de Lyon et de Saint-Étienne, après bien des efforts, étaient parvenus à attirer en France le grand marché des soies qui, pendant de longues années, était à Londres exclusivement.

3° L'exportation des tissus de soie s'est élevée jusqu'à la somme considérable de 452 millions par an ; mais, sous l'empire de la concurrence étrangère qui s'est développée en Suisse, en Allemagne, en Angleterre, en Amérique, etc., cette exportation est retombée au chiffre de 250 à 300 millions dans les années 1887-1889.

4° L'importation des tissus, qui était presque nulle en 1861, s'est élevée, en 1889, à 61 millions.

Il est bien évident, pour quiconque examinera attentivement ces diverses considérations, que cette grande et belle industrie, qui n'est point protégée à la frontière, est soumise, pour le moment, à une lutte très vive, et il est permis d'éprouver une certaine hésitation avant d'appliquer des droits sur les soies brutes à leur entrée en France.

Il faut bien remarquer, d'ailleurs, que l'agriculture française ne peut, ni au point de vue de la qualité, ni à celui de la quantité, suffire aux besoins de l'industrie française.

M. Euverte pense donc que c'est là un des cas où il faut renoncer a appliquer un droit de douane à l'entrée en France.

Il fait remarquer qu'il vient d'entrer dans des détails assez complets sur un certain nombre de faits spéciaux, choisis parmi les plus importants. Il n'est pas dans l'intention de prolonger plus loin cette étude détaillée; il a voulu donner quelques exemples spéciaux pour indiquer la méthode à suivre, dans les circonstances actuelles, et pour préciser les conditions dans lesquelles cette méthode doit être appliquée.

Il demeure bien entendu que la protection ferme de nos industries doit être la base essentielle du travail qui va être fait par les pouvoirs publics; mais il ne saurait s'agir ici de la protection aveugle et inconsciente, il faut l'étude, l'examen, l'enquête; aucune résolution ne doit être prise sans avoir été précédée d'une étude approfondie.

Il ne faut pas oublier que la protection énergique, efficace, est le seul moyen absolument pratique de faire naître et prospérer les grandes industries.

Il suffit de considérer ce qui se passe aujourd'hui en Amérique, en Russie, en Allemagne, pour arriver à la conviction que c'est là une vérité élémentaire.

On nous dira que l'Angleterre est libre-échangiste, cela est vrai, mais il ne faut pas oublier que cette nation a été pendant des siècles couverte par un régime sérieusement protecteur.

Qui donc a oublié cet *acte de navigation*, resté célèbre dans l'histoire des relations extérieures? L'Angleterre a proclamé le libre-échange et la liberté des mers lorsqu'elle a été bien sûre que sa puissance industrielle et navale était sans rivaux dans le monde entier.

Si elle avait été aveuglément suivie dans cette audacieuse et astucieuse entreprise, elle serait devenue la maîtresse du monde au point de vue commercial, et c'est ce qu'il ne faut pas.

On nous dit, et M. Fleury nous l'a répété lui-même : « Vous voulez » la protection pour vendre cher. »

M. Euverte pense qu'il est facile de répondre à cette objection lorsqu'on est au milieu des ingénieurs civils.

N'est-il pas de notoriété pour eux que certains produits de la construction mécanique ont été vendus à des prix incroyablement bas? A 25 f les 100 *kg* des ponts en fer, à 30 f les 100 *kg* des charpentes en fer très ouvragées!

Et l'industrie métallurgique? Cette grande industrie que le régime protecteur a créée de toutes pièces? Ne livrait-elle pas, il y a quelques mois à peine, ses produits à des prix défiant toute concurrence étrangère?

« Mais alors, disent nos adversaires, si vous pouvez produire à des » conditions aussi économiques, pourquoi demandez-vous la protection? »

M. Euverte répond à cette objection par un apologue : Lorsqu'au milieu de l'été, par un jour de grand soleil, on se promène sur les bords de la Seine, à Paris, ou à Lyon, sur les bords de la Saône et du Rhône, on est tout d'abord étonné de ce luxe de défenses contre les eaux et l'on serait assez disposé à se demander : Pourquoi tant de sacrifices? Vienne l'inondation et tous les sacrifices sont justifiés, et l'on se dit : L'argent a été bien dépensé.

» Eh bien! le droit de douane est analogue à cette digue; il faut la conserver et l'entretenir avec soin, c'est le plus sûr moyen d'éviter l'inondation.

M. Euverte fait remarquer que, si nous venons de voir la puissance que peut acquérir une industrie défendue par le système protecteur, il n'est pas sans intérêt de rechercher quel a été le sort d'une industrie à peu près abandonnée à elle-même.

Il signale l'industrie des *constructions navales*, l'une des gloires de l'Angleterre, dont le développement est à peine commencé en France, parce que c'est seulement depuis une dizaine d'années que l'on a reconnu la nécessité de protéger la marine marchande et les constructions navales.

Personne ne conteste le savoir et l'expérience de nos ingénieurs, qui jouissent d'une haute considération dans le monde entier.

Lorsqu'il s'agit de navires de guerre, dont la construction demande des soins tout spéciaux, la France est supérieure à toutes les nations; elle a triomphé dans de nombreuses adjudications.

Mais, s'il s'agit de navires de commerce, nous sommes encore écrasés par l'Angleterre, qui pratique depuis cinquante ans cette industrie, que nous avons eu le tort de ne pas protéger en France, aussitôt qu'il l'aurait fallu.

La protection, qui a été principalement appliquée à l'industrie dans le passé, doit être, aujourd'hui, sérieusement appliquée à l'agriculture.

On se trouve, à l'égard de cette industrie primordiale, dans une série de contradictions dont il importe de faire justice.

D'une part, M. Fleury nous disait, à la dernière séance : « L'agriculture est impuissante à satisfaire aux besoins du pays; il faut bien acheter au dehors. »

D'un autre côté, on ajoute : « Vous allez faire hausser tous les prix, c'est la seule conséquence possible de la protection agricole. »

Ce sont là des appréciations erronées qu'il faut faire disparaître.

Si l'agriculture est impuissante sur certains points, c'est précisément parce qu'on ne l'a pas laissée se développer et qu'on l'a abandonnée à la concurrence étrangère.

Que l'on protège sérieusement l'agriculture; il arrivera pour celle-ci ce qu'il est arrivé pour l'industrie : elle se développera, la concurrence intérieure se fera sentir et les prix baisseront.

M. Cornuault le disait à la dernière séance : « Pour qu'une industrie se développe, il faut qu'elle gagne de l'argent. »

Eh bien! que l'on fasse gagner de l'argent à l'agriculture, on verra bientôt les prix s'abaisser sous l'action de la concurrence intérieure.

Mais alors l'agriculture pourra vendre à plus bas prix, sans pour cela se ruiner, parce que la production sera plus considérable.

M. Euverte répète que le régime protecteur, appliqué avec soin et discernement, n'entraîne pas, pour le consommateur, une élévation de prix.

M. Euverte ne pense pas qu'il y ait lieu de prolonger indéfiniment cette discussion; il croit avoir donné suffisamment d'exemples pour montrer l'ordre d'idées dans lequel on doit être protégé : apporter dans l'examen de ces questions une investigation sérieuse, les étudier à fond, faire de la science et non de l'empirisme. Et quand on tient ce langage à la Société des Ingénieurs civils, il croit qu'on est compris, parce que l'on parle à des hommes d'étude, calculant, approfondissant les questions et ne donnant rien au hasard.

Parmi les grands intérêts engagés dans la question économique, intérêts que nous nous proposons de concilier dans la limite du possible, il en est un sur lequel M. Euverte désire appeler l'attention : c'est l'intérêt de l'*exportateur*.

Il a été démontré, aussi bien par les tableaux que M. Euverte a mis sous les yeux de la réunion que par les chiffres détaillés, énoncés par M. Euverte, que notre exportation de produits fabriqués s'élève à un chiffre qui varie *de 1 800 à 1 900 millions !*

C'est là un chiffre énorme qu'il ne faudrait pas laisser s'amoindrir, qu'il faudrait même chercher à développer.

Que faut-il faire pour assurer ce résultat, tout en restant très fermes sur le principe de la protection réelle et sérieuse de nos diverses industries ?

Il faut, tout d'abord, ainsi que cela a été établi plus haut, faire le nécessaire pour que cette protection, accordée à notre industrie, ne sorte pas des limites nécessaires ; il faut se garder de toute exagération.

Il faut encore montrer, proclamer notre désir d'échanger avec les autres nations.

Il faut imiter ce qui se passe en général dans nos grandes industries, où, à côté des services industriels qui doivent être rigides, absolument réguliers et minutieux dans leur action de tous les jours, on place un service commercial dont les procédés sont absolument différents.

Les agents de ce dernier service ont pour mission d'être aimables, d'aller au-devant des désirs de l'acheteur, de renseigner l'industrie sur les besoins, les goûts, les habitudes de la clientèle ; c'est cela qu'il faut imiter.

Il faut, en un mot, faire tout ce qui est nécessaire pour développer les relations ; et si nous passons d'une industrie particulière à l'industrie générale du pays, nous arrivons à la question des *traités de commerce*.

M. Euverte rappelle que, depuis un certain nombre d'années, il s'est produit un mouvement d'opinion très accentué contre les traités de commerce.

Cela tient à bien des causes, dont la principale est que, dans bien des cas, il n'a été tenu aucun compte des volontés du pays et du Parlement dans l'établissement de ces conventions.

Des intérêts qui avaient été sauvegardés avec soin par le vote des Chambres ont été compromis par les négociateurs des traités ; il est résulté de cette situation un désir à peu près général de voir la fin de ces traités et de ne pas les renouveler.

Sur ce point, tout le monde est à peu près d'accord.

Mais, est-ce à dire que la France va se refuser à toute espèce de convention avec les nations étrangères ? Allons-nous rester dans l'isolement absolu au point de vue économique ?

Cela ne peut pas être, et une telle attitude n'est venue à l'esprit de personne.

En effet, à peine avait-on décidé la dénonciation des traités de commerce, que l'on se demandait quel serait le *modus vivendi* avec les nations étrangères.

C'est alors que l'on imagina la combinaison des deux tarifs : un tarif maximum, représentant notre tarif général actuel ; un tarif minimum, destiné à remplacer le tarif conventionnel.

Par ce moyen, on ne pourrait, en aucun cas, sortir de ce qui a été édicté par le Parlement au point de vue des droits de douane; les négociateurs pourraient se mouvoir entre les chiffres inscrits aux deux tarifs; ils pourraient accorder les faveurs du tarif minimum aux nations qui nous offriraient de réels avantages en échange; mais la volonté du pays, exprimée par les Chambres, serait respectée.

En adoptant ce système, la France proclamera qu'elle ne veut pas l'isolement, qu'elle ne refuse pas de contracter avec les autres nations; mais elle indiquera clairement, nettement, les limites dont elle ne veut pas sortir.

M. Euverte pense que ce système présenterait certains avantages ; il croit que c'est la conclusion à laquelle devrait s'arrêter la Société des Ingénieurs civils.

M. Euverte, avant de terminer cet exposé déjà trop long, insiste pour qu'il soit bien entendu que l'agriculture et l'industrie seront également protégées.

L'antagonisme qui a existé pendant longtemps, au point de vue douanier, entre l'industrie et l'agriculture, a été une grande erreur, dans laquelle il ne faut pas retomber.

Il a été dit plus haut que l'agriculture grandira par le système sérieusement protecteur, il faut ajouter que l'industrie en profitera très largement.

Le jour où l'agriculture étant prospère, comme elle devrait l'être, deviendrait consommateur des produits de l'industrie, il ne faut pas oublier que nous trouverions autour de nous, sur notre propre sol, quinze millions de consommateurs aisés, qui sont aujourd'hui des consommateurs besogneux.

Depuis plusieurs années, tout le monde se plaint de *la crise* qui pèse sur l'ensemble de l'industrie française; cet état maladif du pays est généralement attribué à l'envahissement du pays par les produits étrangers.

Il est possible que, surtout au point de vue agricole, l'absence de protection soit une des causes de la souffrance constatée.

Mais M. Euverte pense qu'il faut encore chercher ailleurs la cause du mal dont tout le monde se plaint; il estime que le mal actuel, mal profond incontestablement, tient surtout *au manque de débouchés pour l'industrie*.

Il n'est pas sans intérêt de s'expliquer sur ce sujet, absolument corrélatif, d'ailleurs, de la question qui nous occupe aujourd'hui.

Quiconque a suivi la marche de l'industrie française depuis 1810 jusqu'à ce jour a pu constater que de 1810 à 1880-83, la marche a été constamment progressive; chaque année constatait un pas en avant et la production était toujours plus considérable que celle de l'année précédente.

Il est d'ailleurs facile de s'expliquer cette constante progression; c'est entre 1840 et 1880 que l'on a créé pour plus de 12 milliards de chemins de fer, que l'on a renouvelé et développé tout l'outillage industriel de la France; que l'on a même contribué à la création et au renouvellement des chemins de fer et de l'outillage de certaines contrées, telles que l'Italie, l'Espagne, la Russie, la Suisse, etc.

Il ne faut donc pas s'étonner que, pendant cette période de cinquante années, le développement ait été constant.

Mais, aujourd'hui, cette œuvre est en grande partie complète, il ne reste plus guère qu'à suffire à l'entretien, et l'outillage industriel devient exubérant.

Dans cette situation, la sagesse aurait consisté à carguer les voiles, à réduire la production; on a eu le tort de ne pas le faire.

De là cette lutte insensée se traduisant par une surproduction qui amène l'abaissement immodéré des prix; de là *une crise* qui finit par atteindre tout le monde.

Donc, il faut le répéter, *manque de débouchés*; c'est précisément par cette raison que le développement de l'agriculture serait le salut, et que c'est l'objectif vers lequel il faut diriger les esprits.

Si, faisant un beau rêve, nous supposons la France arrivée à la réalisation du progrès que nous considérons comme possible, si l'hectare produisait 23 *hl* de blé, comme cela a lieu en Angleterre, au lieu d'en produire 15 en moyenne; si, au lieu d'importer des laines et des bestiaux, nous pouvions devenir exportateurs; si, en un mot, notre sol donnait tout ce qu'il peut donner; quelle somme ajoutée aux revenus du pays! Quel développement de consommation pour tous les produits industriels!

C'est là un rêve, dira-t-on? Mais ce rêve est-il donc irréalisable?

Soyons tous bien convaincus qu'en organisant aujourd'hui sérieusement le régime protecteur, nous dirigeons sûrement le pays vers la réalisation de l'idéal qui vient d'être esquissé.

Si, en attendant, on croit devoir trouver des moyens de combattre l'enchérissement résultant de l'application des droits de douanes, qu'on organise *des Sociétés coopératives de consommation*; on y trouvera tout à la fois une grande source d'économie pour les consommateurs, et un précieux moyen d'éducation pour le plus grand nombre de nos concitoyens.

D'autre part, les syndicats agricoles constituent un grand élément de progrès, destiné à avoir une sérieuse influence sur la réalisation du rêve dont il vient d'être question.

Cette question des associations dans un but d'économie n'est point étrangère au sujet que nous traitons aujourd'hui.

Il s'agit, en somme, de supprimer les intermédiaires, et l'on peut affirmer que les intermédiaires sont infiniment plus onéreux pour le pays que le système protecteur, quelque rigoureux qu'il soit.

En résumé, M. Euverte pense que l'on doit attendre d'importants résultats du régime protecteur bien organisé.

Il considère comme indispensable de tenir compte de tous les intérêts en présence, et que tout en protégeant résolument l'agriculture et l'industrie, il ne faut pas sacrifier l'intérêt des exportateurs.

Si donc on dénonce tous les traités de commerce, le système du double tarif doit être étudié très sérieusement pour bien démontrer que la France ne désire pas rester dans l'isolement économique.

Pour réaliser ce programme, il faut une étude sérieuse, il faut mettre la science à la place de l'empirisme; telle paraît devoir être la véritable conclusion de la Société des Ingénieurs civils.

Enfin, M. Euverte demande à ajouter un mot sur une question particulière qu'il comptait traiter dans sa discussion.

Nous sommes tous d'accord sur la nécessité de ne résoudre toutes ces importantes questions économiques qu'après étude approfondie.

Mais pour se livrer à ces investigations, il faut avoir des connaissances spéciales, et il faut bien dire que ce genre d'instruction est peu répandu dans le pays.

M. Euverte rappelle, à ce propos, une conférence faite ici par M. Couriot sur l'organisation de l'enseignement commercial et professionnel ; il est convaincu que l'un des moyens les plus efficaces pour donner au pays les connaissances qui lui manquent sur ces sujets importants serait une bonne organisation de l'enseignement dont il vient d'être question.

On ne saurait méconnaître que nous vivons dans un temps où les questions économiques prennent chaque jour plus d'importance ; et l'on est bien obligé de constater, d'autre part, que cet enseignement spécial fait à peu près défaut dans le pays.

Les faits économiques les plus importants de la France et des autres nations sont réunis dans de gros volumes que très peu de personnes connaissent, encore moins savent les comprendre et les interpréter.

Il serait donc bien utile de reprendre un jour la question posée par M. Couriot. Il y aurait le plus grand intérêt pour le pays à organiser sérieusement l'enseignement commercial et professionnel.

M. LE PRÉSIDENT dit que les applaudissements qui viennent d'accueillir le magnifique exposé de M. Euverte prouvent l'intérêt avec lequel on l'a entendu développer ses arguments, qui peuvent se résumer ainsi : protéger notre industrie en tenant compte de l'excédent de main-d'œuvre que nous payons et des charges fiscales plus grandes que nous avons à supporter, puis s'attacher au développement de notre prospérité agricole, si intimement liée à celle de notre industrie, dont elle constitue le client le plus important. Éviter enfin des droits exagérés qui, en enlevant au progrès son meilleur stimulant, « le besoin d'améliorer pour vivre », nous exposeraient à nous laisser devancer par nos voisins. M. le Président remercie M. Euverte, au nom de la Société, de son exposé si intéressant et qui résume si bien les impressions et les enseignements qu'il a puisés dans une longue vie de travail et d'études.

M. E. SIMON demande à présenter une courte observation au sujet de la comparaison que M. Euverte a faite entre les importations et les exportations de lainages. Ainsi que l'a dit notre collègue, il a effleuré cette question uniquement pour montrer l'utilité de la protection, en ce qui concerne les lainages comme les autres produits. Mais il n'est peut-être pas inutile de remarquer que la comparaison des importations avec les exportations ne donne pas, dans ce cas, l'état exact du marché; les chiffres s'appliquent à deux spécialités distinctes : ce sont des lainages *peignés* qui fournissent la majeure partie des exportations, et des lainages *cardés* qui sont surtout importés; de sorte que l'industrie du *cardé* souffre beaucoup, tandis que l'industrie du *peigné* est relativement prospère.

Cette observation vient à l'appui de ce que disait M. Euverte : Il est indispensable d'étudier ces questions de très près, parce qu'il y a des intérêts très divers en présence.

M. Simon, malgré l'heure avancée, demande la permission de citer quatre chiffres qui justifient l'établissement de droits protecteurs ou compensateurs. La situation budgétaire de la France est telle que l'impôt, par tête, s'élève dans notre pays à 115 francs, tandis qu'il est, en Amérique, de 33 francs; en Allemagne, de 50 francs; en Angleterre, de 70 francs.

M. P. Gassaud dit qu'il ne se rangera pas complétement à l'avis de M. Euverte, car, si l'on fait deux tarifs, il y aura des conventions avec certains peuples et il est à craindre qu'on ne retombe dans les inconvénients des traités de commerce, à savoir que le législateur français n'aliène sa liberté de relever ses tarifs, alors même que les besoins du pays l'exigeraient.

M. Gassaud reconnaît, toutefois, que dans le système proposé par M. Euverte, les inconvénients des traités de commerce se trouvent atténués par ce fait que le tarif minimum ou, en d'autres termes, le maximum des concessions que les négociateurs peuvent consentir, est fixé d'avance par le législateur français, et qu'il serait, du reste, possible qu'il se réservât la liberté de reviser son tarif minimum quand il le jugerait nécessaire.

Mais le double tarif proposé par M. Euverte a encore un autre inconvénient, d'après M. Gassaud : si l'on continue, comme on l'a fait jusqu'ici, de comparer la France à une maison de commerce ou d'industrie, peu importe dans ce cas, on peut regarder comme des clients les pays avec lesquels elle se trouve en relations et avec lesquels on sera appelé à traiter. Il est d'usage de faire aux clients des concessions plus ou moins grandes, suivant l'importance des affaires traitées; or, ici l'on va appliquer soit le tarif maximum, soit le tarif minimum, c'est-à-dire qu'il n'y aura pas de graduation.

D'ailleurs, le tarif maximum que l'on élaborera n'a que peu d'importance, car il ne sera pour ainsi dire jamais appliqué. Nous avons aujourd'hui des traités de commerce avec presque tous les pays *commerçables*, et ils contiennent tous la clause de la nation la plus favorisée; on peut par analogie en conclure que le tarif minimum sera toujours seul appliqué. Il est bon de ne se faire, à ce sujet, aucune illusion.

D'autre part, si l'on fait un double tarif, on devra toujours réserver au pouvoir exécutif le droit de *relever* par décret le *tarif maximum* vis-à-vis de telle ou telle nation, si le besoin s'en faisait sentir, de même que le gouvernement a été autorisé à relever vis-à-vis de l'Italie notre tarif général actuel par des taxes différentielles.

Pour toutes ces raisons M. Gassaud pense qu'on doit s'en tenir à élaborer un tarif minimum qui, compensant par un droit de douane l'excédent d'impôts que supporte le producteur français, établisse cet *égal échange* qu'il réclamait en répondant à M. Fleury dans la dernière séance.

La faculté réservée au pouvoir exécutif de relever par décret le tarif minimum suffirait au cas où l'on se trouverait en face de nations voulant frapper les produits français de droits de douane excessifs.

M. Gassaud demande à faire toutes réserves au sujet de ce qui a été dit relativement aux soies, aux laines, au blé et au vin. Si pour des motifs d'intérêt général on croit, précisément, en face de mauvaises récoltes, devoir renoncer aux taxes compensatrices sur les produits agricoles étrangers, on sera obligé d'avoir recours à des primes directes à l'agriculture pour compenser le préjudice qui lui serait causé dans les années mêmes où elle peut le moins le supporter. Ce n'est, en effet, que lorsqu'on est assuré de réaliser des bénéfices que la production se trouve stimulée, ainsi que l'a dit M. Cornuault, et l'observation est aussi juste en ce qui concerne l'industrie agricole qu'en ce qui touche l'industrie minière ou manufacturière.

Au sujet du droit de douane sur les blés étrangers, M. Gassaud croit devoir ouvrir une parenthèse pour répondre à ce qu'a dit M. Fleury dans la précédente séance, que les droits actuels sont plus que suffisants pour le département du Nord, mais beaucoup trop faibles pour celui de la Creuse ; cela ne lui paraît pas exact. Il est certain que l'on n'arrivera probablement jamais à obtenir une fertilité égale sur tous les points de la France, mais cela a peu d'importance dans la question, car le loyer de la terre est fonction de la fertilité du sol, et, par suite, la protection se trouve proportionnée aux capitaux qui y ont été engagés.

On pourrait répéter pour les vins, les soies, etc..., ce qui vient d'être dit plus spécialement pour les blés, mais, sans s'y arrêter, M. Gassaud remarque que si M. Euverte en revient presque aux idées qui ont amené aux traités de commerce, c'est peut-être parce que, comme industriel, il attache au marché de l'exportation une trop grande importance.

A l'appui de cette opinion, M. Gassaud demande la permission de citer les paroles mêmes que prononçait, en ouvrant la session 1890, M. le Président de la Société des Agriculteurs de France :

> « Songeons que nous avons à l'intérieur, ou dans nos colonies, un
> marché de *vingt-cinq milliards* qu'il est possible de rendre profitable,
> à la fois, aux producteurs et aux consommateurs, et qu'il serait bien
> malhabile de livrer à nos redoutables concurrents ; gardons-nous
> comme d'une folie de sacrifier ces *vingt-cinq milliards* à une exporta-
> tion qui atteint à peine et, probablement, ne dépassera jamais *trois
> milliards.* »

Ce sont ces chiffres qu'il ne faut pas perdre de vue dans la question qui s'agite, et que M. Gassaud a tenu à signaler à la Société.

M. Gassaud ajoute qu'il avait manifesté, à la dernière séance, l'espoir que l'un de nos collègues traiterait d'une façon toute spéciale la question des tarifs de pénétration, qui est intimement liée à celle des traités de commerce ; personne n'ayant demandé la parole à ce sujet, il croit nécessaire d'en dire quelques mots.

Que servirait, en effet, que le Parlement fixe notre tarif minimum de douanes, si, par des tarifs de pénétration qui sont de véritables primes aux produits étrangers, certaines compagnies de transport peuvent complètement modifier les droits de douanes, les annuler et même, dans certains cas, créer des primes effectives à l'importation ?

Aussi, M. Gassaud demande-t-il qu'en aucun cas un produit étranger ne puisse payer sur les rails français un prix inférieur à celui acquitté par le produit similaire indigène. C'est ce que demandent de nombreuses Sociétés d'agriculture, des Chambres de commerce et plusieurs Conseils généraux.

A ce sujet, M. Lecouteux, l'éminent économiste, a reproduit, dans le numéro du 10 avril du *Journal d'Agriculture pratique*, l'extrait suivant de la lettre adressée aux membres du Parlement par l'Union des Associations agricoles du Sud-Est :

« On sait que de Cette ou Port-Saint-Louis-du-Rhône, tout vin étran-
» ger, italien, espagnol, autrichien, est transporté à Paris avec une
» prime de faveur par rapport au vin français expédié au même point,
» prime qu'on peut évaluer à environ 0,90 *f* à 1 *f* par hectolitre.

» Le vin de Hongrie, expédié sur Paris de Passau (quai du Danube),
» n'acquitte qu'un prix total de 41 *f* la tonne, alors que, pour la même
» distance, le vin du Roussillon ou de l'extrême Var acquitte 50 *f* à 54 *f*
» la tonne, Cela revient à dire que le misérable droit de 2 *f* par hecto-
» litre, réservé par les traités, se trouve réduit à 1 *f*.

» Conclusion : les représentants de la nation trouvent un droit de
» 4,50 *f* (chiffre du tarif général) nécessaire à la protection de la viti-
» culture nationale ; au même moment, les négociateurs du traité et
» les Compagnies de chemins de fer s'entendent pour annihiler cette
» décision et réduire ce droit de 80 0/0.

» Il en est de même pour les légumes et fruits frais. — Le tarif soi-
» disant de guerre avec l'Italie fixe à 50 *f* l'entrée de la tonne de lé-
» gumes frais italiens, à 10 *f* celle de la tonne de fruits frais, à 75 *f*
» celle des raisins frais. Immédiatement, un tarif de transport interna-
» tional survient, qui permet à tous les légumes frais et fruits frais, en
» provenance de Milan (930 km) et de Turin (786 km) d'arriver à Paris
» pour le prix uniforme de 140 *f* la tonne, alors que les arrivages de
» fruits français, pour une distance moindre, de la région Barbentane,
» Avignon sur Paris, acquittent plus de 200 *f*, et ceux de légumes frais
» plus de 153 *f*. C'est ainsi que ce droit de 75 *f* par tonne, protecteur
» de nos raisins frais, qui semble exorbitant, se trouve réduit à 15 *f* ;
» quant aux autres fruits italiens, ils restent, tout compte fait de la
» douane et de la pénétration, *primés de 50 f la tonne* par rapport à
» leurs similaires français. »

M. Gassaud rappelle qu'à leur dernière session, les Conseils généraux de l'Hérault et du Gard viennent de renouveler leurs vœux en faveur d'une revision des tarifs de pénétration dans le sens indiqué par lui-même.

On ne saurait, d'après lui, étudier d'une façon complète la question des traités de commerce et tarifs de douane sans envisager en même temps celle des tarifs de pénétration.

M. le Président remercie M. Gassaud des considérations qu'il vient de développer, mais il fait remarquer que la question des tarifs de pénétration n'est pas à l'ordre du jour.

M. G. Crabillard, sans aborder le fond de la question, demande à répondre quelques mots. M. Gassaud a produit des chiffres qui sont évidemment puisés à bonne source et contrôlés avec soin, mais il faut se mettre en garde contre un procédé de discussion très employé aujourd'hui et qui consiste à comparer le prix total d'un tarif français avec la part revenant au chemin de fer français dans un tarif international appliqué au produit similaire. On en déduit que la Compagnie française avantage le produit étranger, ce qui est inexact, car si l'on compare le coût total du transport qui, dans les deux cas, grève la marchandise, on reconnaît que l'avantage reste au produit français.

M. le Président dit que, pour le moment, il faut se borner à la discussion des traités de commerce. M. Gassaud a émis l'opinion de n'avoir qu'un tarif minimum, au-dessous duquel on ne puisse descendre, et qu'on pourrait majorer dans certains cas déterminés dans nos rapports avec tel ou tel pays; cette opinion a-t-elle d'autres adhérents?

M. Ch. Hrascum ne croit pas utile de chercher à démontrer de nouveau l'intérêt qu'il y a à préserver l'industrie française. Cependant, il croit devoir indiquer comme une preuve de cette nécessité, certains chiffres qui, ce jour même, ont été apportés ici dans une réunion de la Chambre syndicale des mécaniciens, chaudronniers et fondeurs de France, dont il a l'honneur d'être le Président.

Cette Chambre syndicale, qui représente un groupe occupant cinquante mille ouvriers, étudie justement, depuis quelque temps, sur l'invitation des pouvoirs publics, la question que notre Société est en train de discuter.

Or, voici un renseignement communiqué à la réunion dont il vient d'être parlé, et extrait de documents présentés à la Chambre de commerce de Paris par M. Delaunay-Belleville :

« Pendant les dix premières années qui ont suivi la conclusion des
» traités de 1860, l'importation des machines à vapeur s'était maintenue
» aux environs de son chiffre antérieur sans écarts notables ; mais, après
» les événements de 1870-71, ces importations prennent une allure rapi-
» dement croissante et passent brusquement de 1 000 000 en 1871 à
» 1 500 000 en 1872, 2 000 000 en 1873, plus de 5 000 000 en 1874, pour
» se maintenir à ce chiffre jusqu'en 1880; cette importation atteint alors
» 7 000 000, puis 14 000 000 en 1881, 25 000 000 en 1882, et 32 000 000 en
» 1883.

« L'importation des machines à vapeur était à ce moment devenue

« 32 fois plus considérable qu'en 1871 et dans les années antérieures ;
» elle était pour cette même année 20 fois plus forte que l'exportation des
» mêmes articles.

» Je n'ai pas besoin d'insister sur la situation anormale et profondé-
» ment fâcheuse que constatent ces chiffres, malheureusement trop élo-
» quents.

» Depuis, grâce aux efforts énergiques des constructeurs français, l'im-
» portation étrangère, portée au maximum en 1883, a diminué progres-
» sivement ; mais elle était encore l'an dernier d'un tiers plus élevée que
» nos exportations. »

Après une étude approfondie, la Chambre des Mécaniciens a émis
l'avis :

« 1° Qu'il faut renoncer à tous les traités de commerce ; — 2° qu'il
» soit établi un tarif général susceptible d'être augmenté ou diminué
» par article, suivant les cas, les diminutions ayant pour limite un tarif
» minimum qu'il faudra établir et au-dessous duquel on ne pourra ja-
» mais descendre, quels que puissent être les avantages offerts. Le tarif
» minimum ne pourra être modifié que par une loi ; — 3° que l'industrie
» mécanique ayant besoin d'être protégée, au point de vue de l'expor-
» tation, il soit établi, à défaut de primes à l'exportation, un régime
» stable et pratique pour les admissions temporaires ou les drawbacks ;
» — 4° que l'Algérie et les colonies soient assimilées à la Métropole ; —
» 5° qu'un règlement des tarifs de pénétration et de transit soit établi
» de manière que nos nationaux puissent jouir des mêmes avantages
» que les étrangers. »

Quant à la question spéciale de savoir quel tarif de base il faudrait
appliquer dans les négociations dernières, M. Herscher dit que beaucoup
de ses collègues pensent, contrairement à l'opinion émise par M. Gassaud, qu'il faut éviter de partir d'un tarif minimum unique qu'on élè-
verait suivant les cas. Ce serait alors une sorte de représaille, et il semble
difficile de l'admettre. La forme, en effet, a une certaine importance et
on peut arriver aux mêmes résultats en évitant des froissements toujours
fâcheux. A tous égards, le mieux lui paraît de considérer le tarif minimum comme une limite au-dessous de laquelle nos négociateurs ne
pourraient descendre. Le tarif général serait toujours prêt à être appliqué
aux nations avec lesquelles aucun accord n'interviendrait ; et entre les
deux tarifs, article par article, on pourrait accorder des concessions diverses, suivant les cas, et d'importance variable, en proportion des avantages qui seraient offerts à la France.

On disposerait ainsi d'un procédé infiniment souple qui permettrait
de faire pour le mieux, suivant les circonstances, sans jamais risquer de
compromettre les intérêts primordiaux de notre production nationale.

M. E. Poloscrau, répondant à une question de M. Béliard, dit qu'en
effet les Compagnies françaises de chemins de fer ont dû, à un moment
donné, commander des locomotives à l'étranger ; mais c'est qu'alors il y
avait nécessité de se pourvoir rapidement du nombre de machines indispensable pour assurer la mobilisation. D'ailleurs, on ne s'est adressé à

l'étranger que quand les fabriques françaises, surchargées de commandes, ont déclaré ne pouvoir livrer dans les délais très courts imposés. Il y avait là une question de sécurité nationale qui forçait de passer par-dessus toutes les autres considérations.

Un Membre fait observer que, si un industriel a avantage à acheter une machine à l'étranger, il ne faut pas lui en faire un crime; dans ce cas, ce n'est pas la faute de l'acheteur, c'est la faute du tarif de douane.

M. le Président donne la parole à M. E. Bert pour continuer la discussion sur *les traités de commerce.*

M. Émile Bert s'exprime ainsi :

Après les remarquables discours de MM. Fleury et Euverte, je suis un peu inquiet pour venir encore vous entretenir de la question des Traités de commerce, qui est, en ce moment, en discussion devant vous, aussi vous demanderais-je de m'accorder toute votre bienveillance. Si je le fais, c'est à cause de l'importance des plus grandes qu'elle présente et sur laquelle il est inutile d'insister. Il s'agit, en effet, de savoir quelles seront dans l'avenir les conditions du travail agricole et industriel de notre pays.

Lorsque j'ai eu l'honneur d'engager cette discussion devant vous, j'ai conclu en vous disant que nous devions abandonner le système des traités de commerce pour reprendre notre liberté d'action, ajoutant que la protection s'imposait aujourd'hui chez nous comme une nécessité nationale, mais qu'il fallait bien se garder d'aller trop loin, et ne faire de la protection qu'à propos et dans une juste mesure.

J'ai été heureux de constater à la dernière séance que je me trouvais en parfaite communauté d'idées avec M. Euverte, qui n'a critiqué ma communication que sur quelques points de détail au sujet desquels je lui répondrai tout à l'heure.

Mais avec M. Fleury nous sommes en complète divergence d'opinion; aussi m'efforcerai-je principalement aujourd'hui de réfuter les théories qu'il vous a exposées et que je considère comme funestes à notre pays, si par malheur elles venaient à dominer chez nous, ce qui, actuellement, ne me paraît plus possible. Plusieurs points de l'argumentation de M. Fleury ayant déjà été victorieusement réfutés devant vous par MM. Euverte, Gassaud et Cornuault, ma tâche se trouve fort simplifiée.

Je passerai rapidement sur les premières considérations qui vous ont été présentées par M. Fleury. Il vous a dit qu'à son avis la question des traités de commerce se posait entre le libre-échange et la protection, et qu'il lui semblait que moi-même je l'avais considérée à ce point de vue. Ceci n'est pas tout à fait exact.

La communication que j'ai eu l'honneur de vous présenter se divise en deux parties.

Dans la première, j'ai parcouru rapidement les divers systèmes économiques qui se sont succédé chez nous depuis un siècle; puis j'ai examiné, abstraction faite de tout système économique (car les traités de commerce sont possibles avec la protection comme avec le libre-échange, bien qu'en réalité ils soient toujours favorables aux idées libre-échangistes, quoi qu'en disent aujourd'hui les partisans de cette doctrine), j'ai examiné, dis-je, s'il y avait lieu de dénoncer les traités de commerce actuels et s'il fallait les renouveler ou y renoncer.

J'ai réfuté devant vous les divers arguments que l'on fait valoir en faveur des traités de commerce, et je vous demande la permission d'y revenir rapidement pour compléter les indications que je vous ai données :

1° Les taxes et autres conditions stipulées dans les traités, étant fixées pour un intervalle de temps assez long, les industriels et les commerçants y trouvent une grande sécurité et peuvent entreprendre des opérations de longue durée, qui seraient impossibles autrement.

Je vous ai montré qu'en pratique cette stabilité n'existait point, car nous n'avons pas un traité fixe et immuable avec chaque nation, mais un traité comportant la clause de la nation la plus favorisée, ce qui entraîne de continuels changements, car chaque négociation nouvelle comporte nécessairement des concessions nouvelles et par suite les arrangements antérieurs sont modifiés.

Les traités nous liant les mains pendant un certain temps, il nous est impossible de venir ensuite au secours de l'une de nos industries, si quelque péril vient à la menacer. C'est ce qui nous est arrivé en 1872, lorsque nous avons voulu augmenter nos recettes en élevant les droits sur certains produits.

2° Les traités de commerce favorisent les exportations des objets fabriqués. Or, si l'on se reporte aux statistiques officielles, on trouve que c'est justement le contraire qui a eu lieu. J'emprunte les renseignements suivants au remarquable ouvrage que vient de publier M. Domergue (1) :

De 1835 à 1839 notre exportation en objets fabriqués dépasse notre importation de. 78.95 0/0

1840 à 1844	—	—	81.77
1845 à 1849	—	—	86.56
1850 à 1854	—	—	89.23
1855 à 1859	—	—	89.12
1860 à 1864	—	—	84.09
1865 à 1869	—	—	75.54
1870 à 1874	—	—	66.03
1875 à 1879	—	—	54.33
1880 à 1884	—	—	47.31

Voilà un argument irréfutable et qui se passe de commentaires.

3° L'intérêt des consommateurs. Or, quoi qu'en pensent certains économistes, ceux-ci ne retirent aucun avantage des traités de commerce, qui par contre sont nuisibles à presque tous les producteurs, c'est-à-dire au plus grand nombre.

J'avais conclu en disant que les traités de commerce n'avaient aucun des avantages qu'on leur avait trop gratuitement accordés et qu'il fallait abandonner ce système pour reprendre notre indépendance.

Du reste, il ne faut pas oublier que depuis 1881, malgré un désir véritable et fort prononcé, nous n'avons pu faire de vrais traités qu'avec la Belgique, l'Espagne, le Portugal, la Suède, la Norvège et la Suisse, c'est-à-dire avec des puissances secondaires. Je ne parle point de l'Italie qui a dénoncé, en 1887, le traité conclu avec elle en 1881. Nous n'en avons pas avec l'Angleterre, l'Autriche, la Russie et les États-Unis, c'est-à-dire avec les pays qui renferment un nombre bien plus considérable de consommateurs. Par des conventions contenant la clause de la nation la plus favorisée, nous avons accordé notre tarif conventionnel à l'Angleterre, à l'Autriche et à la Russie, sans aucun avantage compensatoire, car bien que nous jouissions aussi de la clause de la nation

(1) *La Révolution économique*, par M. Jules Domergue, avec une lettre-préface de M. Méline.

la plus favorisée, les nations que je viens de citer ne sont point liées comme nous et elles peuvent à tout instant relever leur tarif.

Aujourd'hui, si l'on était tenté d'engager des pourparlers pour la conclusion de nouveaux traités, on se heurterait à de grandes difficultés et l'on essuierait bien des refus, à moins de se contenter de concessions insuffisantes, tout en faisant des concessions compromettantes pour notre agriculture et notre industrie (1).

Ce n'est qu'après m'être prononcé pour le non-renouvellement des traités de commerce, que je vous avais parlé de la solution à admettre pour l'avenir ; et c'est ici seulement qu'il y a lutte entre le libre-échange et la protection. J'ai conclu en vous disant qu'à l'heure actuelle, il nous était impossible de soutenir la concurrence étrangère, si l'industrie et l'agriculture française n'étaient point protégées par des droits compensateurs.

M. Fleury n'a nullement parlé de la première partie de ma communication, il ne vous a fait valoir aucun argument en faveur des traités de commerce. Il a laissé complètement cette question de côté pour vous présenter une apologie du libre-échange et de ses bienfaits. Il a ainsi fait dévier la discussion de la voie où elle avait été engagée.

Je vous demanderai la permission de réfuter quelques-unes des idées qui ont été développées devant vous par M. Fleury.

Vous connaissez tous l'activité, l'ardeur et l'énergie persévérante que développent les partisans de l'un et l'autre système économique. Chacun proclame sa doctrine la seule vraie, la seule raisonnable, la seule sage, et, naturellement, chacun conserve son opinion et personne ne fait de concession.

Je n'ai pas la prétention d'être resté étranger à ces vives passions. Je tiens cependant à déclarer que je ne me suis formé une opinion qu'après avoir longuement étudié ces questions, et sans aucun parti pris. Je ne suis ni libre-échangiste ni protectionniste.

La science économique est avant tout une science expérimentale ; elle repose sur l'observation des faits.

Il ne faut pas proclamer *a priori* que le libre-échange est toujours bon et la protection toujours mauvaise ; que le libre-échange ne peut avoir que des avantages et la protection que des inconvénients ; il ne faut pas soutenir que la protection est un obstacle

(1) La Chambre haute et la seconde Chambre du royaume de Suède ont invité le gouvernement de ce pays à dénoncer les traités de commerce, expirant le 1er février 1892, qui lient la Suède à la France et à l'Espagne.

au mouvement des échanges et au développement des exportations: c'est une affaire de temps et de circonstances; l'un ou l'autre
des systèmes économiques en présence sera bon ou mauvais suivant la situation du pays et l'état économique général.

Le meilleur régime économique, à mon avis, sera celui qui aura
pour résultat de porter la production nationale à son maximum de
puissance.

Je sais bien que M. Fleury a une réponse toute faite à tous les
chiffres des tarifs de douane; c'est la réponse habituelle que font
les partisans du libre-échange. « Qu'importe, nous dit-il, le mouvement des importations dans un pays? Est-ce que la balance du
commerce est renfermée dans le chiffre des exportations et des
importations? Il n'y a pas seulement les échanges de marchandises
d'un pays à un autre, il y a aussi les profits qu'un pays tire de ses
exportations qui lui rentrent sous forme d'importations. Voyez
l'Angleterre: elle importe plus qu'elle n'exporte, et elle ne se
ruine point. »

Assurément non, mais pourquoi? Parce que les importations
qui se font en Angleterre, ne sont pas en réalité des produits étrangers. Ce sont les produits de sa marine marchande, les produits
de grandes entreprises engagées dans ses vastes colonies: en un
mot, ses propres produits qui rentrent chez elle.

Voici ce que dit à ce sujet M. Domergue:

« Le détracteur malheureux de la théorie de la balance com-
» merciale oublie encore ou feint d'oublier cette considération
» capitale: que dans les importations anglaises figurent les pro-
» duits de ses immenses colonies, et qu'elles doivent y figurer
» non seulement pour leur valeur intrinsèque, mais pour leur
» valeur augmentée des commissions de vente et des frais de trans-
» ports maritimes. Or, toutes ces sommes: prix de la marchandise,
» commissions et frets, restent aux mains des Anglais, et ne cons-
» tituent nullement un tribut payé à une nation étrangère. C'est,
» on peut le dire, l'Angleterre qui trafique avec elle-même. Il n'y
» a donc aucune atteinte portée à la richesse publique du pays.
» Ces importations sont une apparence bien plus qu'une réalité.
» Ce ne sont ni plus ni moins que des balances de comptes d'An-
» glais à Anglais.
» Est-ce que vraiment nous apprendrions à M. Leroy-Beaulieu
» que les importations des possessions anglaises en Angleterre
» ont atteint, pendant les trois années qu'il signale dans son *Pré-
» cis d'Économie politique* :

En 1884 . . . . . 2 milliards 395 millions f?
1885 . . . . . 2 — 110 —
1886 . . . . 2 — 147 —

» Ne saurait-il pas que ces importations ont atteint :

En 1883 . . . . 2.467.050.000 f ?
1882 . . . . . 2.485.775.000
1881 . . . . 2.288.500.000
1880 . . . . 2.312.975.000

» Autrement dit, ces importations varient entre 2 milliards et 2 milliards et demi. »

Aussi je comprends à merveille que les importations augmentent sans cesse sans que le pays en souffre.

En est-il de même chez nous ? Non. Les importations se font chez nous avec des produits étrangers qui prennent sur notre marché la place des produits français et qui diminuent par conséquent la somme de travail mise à la disposition de l'ouvrier français.

M. Fleury n'attache aucune importance à la balance du commerce; il nous a dit que le relevé des douanes ne peut être assimilé à autre chose qu'au livre d'entrée et de sortie du magasin : c'est un livre tout à fait auxiliaire de cette grande maison de commerce; le livre important, selon lui, serait le compte Profits et Pertes.

Cela ne prouve point qu'il n'y a pas de balance du commerce. Il y a une balance de commerce pour un peuple comme pour un individu. Seulement, pour le premier, elle est un peu plus difficile à établir.

Lorsque nous payons nos importations avec des produits manufacturés, notre production intérieure, sollicitée par l'étranger qui nous fait des demandes, se développe progressivement; la somme du travail national s'accroît. De plus, on réalise sur la vente de nos produits le bénéfice que tout commerçant prélève sur la vente des produits qu'il a créés.

Mais quand nous payons avec de l'argent, le résultat est tout différent. Notre production reste stationnaire parce qu'au lieu de nous demander des produits, on nous demande de l'argent; nous sommes obligés de sortir de notre caisse des valeurs que nous aurions pu économiser. Donc, si après avoir payé l'étranger avec les revenus et le capital de nos valeurs, nous en sommes arrivés à envoyer notre argent au dehors, on ne peut pas dire que c'est là un signe de grande prospérité.

J'avais établi, et M. Fleury ne l'a point nié, que depuis quinze ans, nos exportations ont été de beaucoup inférieures à nos importations. — M. Fleury a reconnu l'exactitude des chiffres que j'ai produits; seulement, il ne leur attache aucune importance. — Autrefois, nous réglions nos importations avec le bénéfice de nos exportations, mais il n'en est plus de même aujourd'hui.

D'après M. Fleury, nous ne sommes point ruinés pour cela ; si nous ne payons pas avec nos bénéfices d'exportations, nous payons avec les valeurs que nous avons à l'étranger. Cet argument est sans portée, car les valeurs que nous possédons à l'étranger représentent des produits que nous avons antérieurement réalisés ; c'est un capital accumulé, c'est notre épargne. Or, quand on a recours à l'épargne pour payer ses achats, on est dans une très mauvaise situation. Et quand ces valeurs seront épuisées, avec quoi paiera-t-on ?

M. Fleury me permettra de lui demander comment ferait face à ses engagements un commerçant qui aurait vendu : pour 3 468 millions de marchandises en 1880 et pour 3 609 millions en 1889, alors qu'il aurait acheté pour 5 033 millions en 1880 et 3 609 millions en 1889. — Il y a un déficit à payer de 1,565 millions pour 1880 et de 566 millions pour 1889. Toutes les différences se paient en argent. — Quand l'importation n'est pas compensée par l'exportation, la différence se règle par une traite acquittée par la France.

Si un commerçant faisait de semblables opérations, il devrait prendre sur son actif pour payer ses dettes. La France, considérée comme une vaste maison de commerce, ne fait point autrement. D'après les renseignements publiés par M. de Foville, dans la *France économique*, nous trouvons que le capital de la France est de 135 milliards.

Elle a d'abord une fortune territoriale de 53 millions d'hectares, valant, d'après les dernières estimations, *quatre-vingts milliards*. . . . . 80 milliards

Elle a ensuite ses maisons (plus de neuf millions de maisons), sa propriété bâtie, son outillage, qui valent quarante milliards, d'après les calculs qu'on a institués en vertu des lois récentes.   40 milliards

La nation a donc au soleil. . . . . 120 milliards

— 65 —

Report. . . . . 120 milliards

Le *stock monétaire* actuel est de 5 milliards pour l'or et 3 milliards pour le métal argent, y compris les 2 milliards de la Banque de France, ce qui fait :   8 milliards

Ajoutons à cela, pour être complets, des valeurs marchandises, matériel de voie ferrée, etc. . .   7 milliards

Nous arrivons à un chiffre total, représentant ——— l'actif de la France, de cent trente-cinq milliards.   135 milliards

Eh bien ! Messieurs, c'est sur ce fonds que nous sommes obligés de prendre pour payer aux étrangers l'excédent des importations sur les exportations. Si, par malheur, cet excédent conservait pendant longtemps les proportions qu'il a depuis 1876, notre fonds social disparaîtrait et nous serions ruinés dans un avenir plus ou moins éloigné. Voilà, ce me semble, un résultat qui n'est point à désirer.

M. Euverte vous a dit qu'il ne fallait pas s'en rapporter aux chiffres représentant le total des importations et des exportations, mais que pour étudier sérieusement la question, il fallait examiner les états d'importation et d'exportation en divisant les produits, comme le fait l'administration des douanes en trois grandes catégories :

Objets d'alimentation ;
Matières nécessaires à l'industrie ;
Produits fabriqués.

Cette division est, à mon avis, fort défectueuse, et sur ce point, je m'appuierai sur l'opinion de M. Fleury (c'est le seul où nous soyons du même avis), qui vous a dit « que toutes les industries se succèdent et s'enchaînent et que la matière première de l'une est le produit fini de la précédente ».

Si l'on se reporte aux tableaux des douanes, on trouve dans les objets d'alimentation bien des matières premières qui sont destinées à l'industrie : par exemple, les maïs, dont le Parlement s'occupe en ce moment, intéressent principalement les distilleries ; or, ils sont classés dans la catégorie des objets nécessaires à l'alimentation. Je pourrais citer d'autres exemples. Pour vous prouver que cette distinction est absolument arbitraire, je me contenterai de vous lire un passage d'un discours d'un homme dont la compétence est incontestable en ces matières, de M. Méline :

« Quand on fait le compte des produits manufacturés, on répète
» d'habitude ceci : Vous n'avez que 400 millions d'importation et
» vous avez 1 600 millions d'exportation, par conséquent, vous

» faites toujours un bénéfice net de 1 200 à 1 300 millions. Mais
» ce qu'on oublie de dire, et ce qui est l'exacte vérité, c'est qu'il
» y a des produits manufacturés qui figurent ailleurs que dans ce
» chapitre, lequel, dans les états de la douane, est intitulé : Pro-
» duits manufacturés.

» Il y a un chapitre particulier que je recommande tout spécia-
» lement à votre attention, c'est le chapitre des matières premières
» nécessaires à l'industrie. Ce chapitre n'a certainement pas été
» créé à dessein par l'administration des douanes, mais il faut
» avouer qu'il permet, par un trompe-l'œil très habile, de dissi-
» muler étrangement la véritable situation de notre mouvement
» économique au point de vue des produits manufacturés, et je
» vais vous le prouver tout de suite.

» Au chapitre des matières premières nécessaires à l'industrie,
» il semble qu'on ne devrait inscrire que des matières que nous ne
» produisons pas, ou de véritables matières premières destinées à
» être transformées. Il n'en est point ainsi. Voulez-vous que j'énu-
» mère les articles que la douane porte au chapitre des matières
» premières et qu'elle ne considère pas comme produits manufac-
» rés ? Et il se trouve que ce sont précisément les produits manu-
» facturés qui appartiennent aux industries qui se plaignent le
» plus.

» Ainsi, on ne croirait pas que les fils sont portés au chapitre des
» matières premières. Les fils de coton, les fils de laine, les ma-
» tières de soie, qui représentent une importation d'environ six
» cents millions, sont portés à ce chapitre des matières premières,
» et alors on comprend qu'en les déduisant des produits manufac-
» turés, il soit facile d'établir que l'importation n'est que de
» 400 millions. Il y a mieux encore : quand on étudie le tableau des
» douanes, on s'aperçoit que les fils sont portés à l'importation
» comme matières premières et à l'exportation comme produits
» fabriqués, si bien qu'on arrive, de cette façon, à diminuer les
» importations et à augmenter les exportations.

» Les fils seuls sont-ils portés au chapitre des matières pre-
» mières ? Il y a encore les fers, les aciers, les fontes, les nitrates,
» les produits chimiques, les peaux préparées, la soie, la bourre
» de soie. Bref, on voit figurer au chapitre des matières premières,
» en objets véritablement manufacturés, une somme de sept à huit
» cents millions.

» Eh bien, je dis que j'ai le droit de regretter ce classement dans
» les états de douanes, et j'ajoute que, quand on fait un compte

» pour apprécier la situation économique d'un pays, il faut rap-
» procher des choses semblables.

» Je dis que j'ai le droit de mettre à part l'importation des pro-
» duits manufacturés et je puis y comprendre les fers, la fonte, les
» fils et autres objets, pour les retrouver à l'exportation.

» Assurément, si les importations dont nous nous effrayons se
» réduisaient aux objets alimentaires purs et même aux matières
» premières que nous ne fabriquons pas, je ne me plaindrais
» pas que les importations aient augmenté pour les objets alimen-
» taires, ni pour les matières premières que nous ne pouvons pas
» produire, je me plains que les importations aient augmenté pour
» des articles que nous pouvons parfaitement produire, que nous
» produisions en plus grande quantité en 1859 et que nous ne
» pouvons plus produire, parce qu'une concurrence désastreuse
» nous empêche de le faire. »

Je ne voudrais pas donner à la balance du commerce plus d'importance qu'elle n'en comporte et je reconnais qu'elle ne doit être
interrogée qu'avec précaution. Néanmoins, il est certain que,
d'une façon générale, elle est favorable lorsque les exportations
surpassent nos importations, c'est-à-dire, lorsque l'étranger nous
demande nos produits et fait par suite progresser notre production
et augmenter la somme du travail national ; on a produit plus
qu'on a dépensé et par conséquent on a le change en sa faveur.
Mais quand l'étranger introduit, au contraire, chez nous des produits que nous sommes en état de fabriquer, il restreint dans une
mesure correspondante la production du pays parce qu'il en
diminue la somme de travail.

Je terminerai sur ce point, en citant un passage du très intéressant ouvrage de M. Domergue : « Plus un peuple achète sans
vendre, plus il tarit la source de son travail et plus il s'appauvrit ;
la richesse ne peut lui venir que du travail, du travail qui, seul,
lui procure les moyens d'acheter avec ses salaires et ses revenus,
sans épuiser ses réserves, sans vider sa bourse, sans comme on dit,
« manger son capital ».

J'arrive maintenant à l'un des arguments essentiels de
M. Fleury. Il vous a dit que la prospérité de la France avait été
sans cesse en grandissant depuis 1800 : les dépôts dans les caisses
d'épargne ont augmenté, les valeurs successorales de même.

Je reconnais volontiers que ces observations sont justes dans
une certaine mesure. Ce n'est pas le fait qui est contestable, c'est
la cause qu'on lui attribue.

L'épargne heureusement chez nous est incontestable. L'accroissement du capital des successions n'est point surprenant ; seulement, pour l'apprécier exactement, il faut tenir compte d'un certain nombre de lois nouvelles qui ont changé les droits de perception. Par exemple, pour les transmissions d'immeubles par décès, le calcul se faisait, jusqu'en 1872, par une multiplication du revenu au denier 20, c'est-à-dire que, pour déterminer la valeur de l'immeuble, on multipliait le revenu par 20. Mais, maintenant, ce n'est pas par 20 qu'on multiplie le revenu, c'est par 25, et de là la valeur des immeubles a augmenté d'un quart.

En outre, le fisc atteint aujourd'hui les valeurs mobilières et les parts dans les Sociétés qui lui échappaient auparavant. Les baux doivent être enregistrés, ce qui permet de reconnaître la valeur des immeubles loués.

Tout cela a contribué dans une large proportion à augmenter la valeur des successions.

La fortune de la France a certainement progressé depuis 1860. — Mais cette augmentation n'est point due à l'accroissement de nos échanges avec l'étranger. C'est, au contraire, le développement de notre marché intérieur qui en est la cause. Il ne faut pas oublier, en effet, que notre marché intérieur absorbe les 4/5 de notre production annuelle et que le 1/5 seulement s'applique à l'étranger.

Revenant à la question des traités de commerce, M. Fleury a reconnu que la dénonciation de celui conclu avec l'Italie nous avait été plutôt favorable que désavantageuse, mais il a ajouté qu'il n'en serait pas ainsi avec toutes les autres puissances et notamment l'Angleterre. Je crois qu'il se trompe sur ce dernier point.

Beaucoup de marchandises, qui sont inscrites à la sortie de France, comme exportées en Angleterre, n'entrent point dans ce pays.

La marine marchande anglaise a une puissance que vous connaissez tous ; c'est elle qui transporte dans les diverses régions la plus grande quantité des produits qui sont exportés d'un pays dans un autre. Or, qu'arrive-t-il ? Parmi les marchandises que la marine anglaise vient chercher dans nos ports, une grande quantité ne sont point débarquées en Angleterre, mais dirigées vers d'autres pays. Je crois que l'abandon des traités de commerce ne changera rien à cette situation.

Dans l'état actuel des statistiques douanières, il est malheureusement impossible de connaître quelle est exactement la proportion des marchandises françaises qui ne font que transiter.

« Faisons la même réserve, dit M. Domergue, en ce qui con-
» cerne les exportations relevées au compte de la Belgique.

» Là encore, le chiffre est inexact, car la Douane française compte
» à l'importation, comme marchandises belges, bien des produits
» qui, comme les laines débarquées à Anvers, à destination de
» notre marché, viennent réellement de l'Amérique.

» Il en va de même pour beaucoup d'autres marchandises, soit
» à l'importation, soit à l'exportation, qui viennent ou partent
» des ports de la Belgique. N'est-ce point encore rester dans la
» vérité que de dire de beaucoup de produits, figurant dans nos
» exportations, que ce sont des produits étrangers se bornant à
» passer sur notre territoire pour aller, soit en Italie, soit en Suisse,
» soit en Allemagne, soit même pour aller s'embarquer à Mar-
» seille ? Telles sont certaines marchandises de prix qui peuvent
» supporter les frais d'un transport par voie ferrée.

» On voit qu'il ne faut attribuer qu'une exactitude relative à
» ces chiffres, jusqu'au jour où la Douane aura trouvé le moyen,
» qui lui manque aujourd'hui, de définir les lieux véritables de
» destination, au lieu de s'en tenir au pavillon du véhicule
» transporteur. »

Un journal allemand, la *Gazette de Cologne*, s'est livré à une recherche intéressante dans le but de déterminer le chiffre des bénéfices que le commerce allemand procure à l'Angleterre, en faisant passer par des ports britanniques les marchandises expédiées vers les ports transocéaniques ou qui en viennent. En réunissant ces diverses sources de bénéfices, le journal allemand arrive aux chiffre suivants.

L'Angleterre gagne sur le commerce allemand, savoir :

1° Sur le fret.	Liv. st. 3.600.000	»
2° Commission des agents.	— 2.800.000	»
3° Primes d'assurances.	— 453.000	»
4° Intérêts des avances.	— 300.000	»
5° Commissions et salaires.	— 150.000	»
Soit un total de.	Liv. st. 7.303.600	»

ou de 150 millions de marks (187 millions de francs).

« Il est bon, dit la *Gazette de Cologne*, de ne point perdre de vue, en Allemagne, que, en attendant que la marine marchande et le commerce de l'empire puissent se développer assez pour percevoir eux-mêmes les frais indiqués plus haut, on paie environ un demi-million de marks par jour à l'Angleterre pour des affaires commerciales que nous pourrions bien faire nous-mêmes. »

Autant en dirons-nous aux Français.

D'après M. Fleury, nous importons surtout des denrées alimentaires et des matières premières nécessaires à l'industrie. L'étranger ne nous les impose pas, dit-il, c'est nous qui allons les chercher. Il y a dans ces dernières paroles un simple jeu de mots, et je demanderai à M. Fleury que font en France et, principalement à Paris, ce nombre considérable de représentants de maisons étrangères et surtout allemandes? — Viennent-ils pour acheter nos produits ou, au contraire, pour vendre ceux qu'envoient les industries étrangères, qui souvent n'arrivent à s'écouler chez nous que sous le couvert de marques de fabrique contrefaites, afin de tromper l'acheteur qui, en acquérant ces marchandises, pense avoir des produits français?

Le résultat du droit de douane, vous a dit M. Fleury, est non seulement de frapper le produit étranger à son entrée en France, mais encore d'augmenter le produit français de toute l'importance du droit

Ceci est complètement inexact. Le produit similaire français n'est jamais surélevé de toute l'importance du droit; le droit de douane ne fait que surélever dans une certaine mesure le prix du produit français, souvent même l'effet ne se produit pas du tout. Je vous en donnerai tout à l'heure un exemple.

« On trouve, dit M. Domergue dans les ouvrages doctrinaires de
» cette époque (1860), des chapitres entiers consacrés à déve-
» lopper cette idée: qu'un droit *sur le fer et l'acier a eu pour*
» *résultat « d'augmenter le prix de la main-d'œuvre, tout en dimi-*
» *nuant le salaire de l'ouvrier »* (sic!) Il y est dit: Si vous mettez un
» droit sur le fer et sur l'acier, vous augmentez *le prix du mar-*
» *teau de l'ouvrier, « l'instrument de son gagne-pain »* ! Vous prenez
» ainsi sur son salaire ; vous prenez sur le salaire encore plus
» modeste de l'ouvrière, car vous augmentez le *prix de son*
» *aiguille !!!*
» Pas un de ces savants n'avait eu l'idée de compter combien
» on pouvait faire de centaines de marteaux et de millions d'ai-
» guilles avec 100 *kg* de fer ou d'acier, ces 100 *kg* qui paient
» un droit de douane de 1 *f* 50 à 6 *f* lorsqu'ils viennent de
» l'étranger, et ce n'est pas certainement le cas de tous les fers et

» de tous les aciers employés à la fabrication des aiguilles ou des
» marteaux.

» Il y aussi la question du charbon de terre avec lequel on a
» fortement impressionné le consommateur.

» Pensez donc ! si la houille est le « *pain des machines* », c'est
» aussi le « *chauffage du pauvre* ». Or, le droit est de 1,20 f la tonne.

» Quelle économie pour l'ouvrier qui consomme peut-être le
» quart, mettons la moitié d'une tonne de charbon dans son
» hiver !...

» L'aiguille de l'ouvrière, le marteau du travailleur, le pain
» des machines, le chauffage du pauvre et jusqu'à la « *truffe du*
» *pauvre* », c'est-à-dire le sel... que nous allions oublier... ces
» romances ont vieilli, comme toutes celles du même temps,
» mais leurs auteurs les ont chantées tant et si bien, qu'ils leur
» ont fait une espèce de popularité. De même qu'il nous revient
» de temps en temps quelques échos des refrains abolis, vous
» rencontrez encore des gens qui vous disent que « si tout a
» augmenté, c'est à cause des droits qu'on a mis sur le fer,
» l'acier et la houille.

» D'ailleurs, il était écrit que la phalange des faux prophètes se
» tromperait en tout et pour tout.

» Mais qu'importe ? Ils ont une façon si personnelle et si com-
» mode de se tirer d'embarras ! »

J'arrive maintenant à la partie des observations qu'a présentées
M. Fleury, en ce qui concerne l'agriculture.

Manger et boire, vous a-t-il dit, sont deux besoins impérieux
qu'il faut d'abord satisfaire, et lorsque des droits de douane pèsent
sur les denrées alimentaires, ils ont des conséquences effroyables.

M. Fleury me permettra de lui dire qu'il n'a pas consulté les
statistiques relatives au prix du pain, car, autrement, il ne vous
aurait pas tracé un tableau aussi sombre qu'il l'a fait de la situation de l'ouvrier, qui voit augmenter le prix du pain chaque fois
que l'on met un nouveau droit sur le blé.

Messieurs, dans ces dernières années, deux lois, l'une du
29 mars 1885, l'autre du 29 mars 1887, ont imposé des taxes à
l'entrée des blés. Quelle a été leur influence sur le prix du pain ?

Sur ce point, j'avais invoqué devant vous l'autorité de M. Pouyer-
Quertier, dont la compétence est incontestable, et je vous avais dit
que le droit de 5 f sur les blés n'avait eu aucune influence sur le
prix du pain.

M. Fleury a critiqué cette citation en termes très spirituels, je le reconnais, mais j'ai le regret de lui déclarer aujourd'hui qu'il s'est trompé.

Il vous a dit que M. Pouyer-Quertier faisait probablement usage du pain riche et que celui-là n'avait en effet pas augmenté ; mais le pain ordinaire, a-t-il affirmé, le pain dont se nourrit l'ouvrier, a certainement augmenté. Je suis allé aux renseignements, Messieurs, et qu'ai-je constaté ? c'est que, n'en déplaise à M. Fleury, le pain ordinaire, celui dont se nourrit l'ouvrier, n'a subi aucune augmentation par suite de l'établissement du droit de 5 f sur les blés. Le consommateur ne paie pas son pain plus cher qu'auparavant, et ses charges en tant que contribuable sont diminuées de 68 millions, puisque les droits perçus à la frontière sur les blés étrangers ont procuré cette ressource au budget des recettes. L'intermédiaire, le boulanger, gagne peut-être un peu moins qu'auparavant, mais l'ouvrier ne paie pas son pain plus cher.

Tous ceux qui connaissent les prix des mercuriales et qui les rapprochent des prix de vente à la consommation savent quelle part prennent les intermédiaires avant de livrer les produits agricoles aux consommateurs.

Les prix sont réglés par des syndicats, formés par les intéressés eux-mêmes, qui ne font jouir le consommateur d'aucun des bienfaits que devrait leur procurer le bas prix.

Voici, d'après le *Bulletin municipal officiel* de la ville de Paris, l'évaluation du prix du pain pour la première quinzaine de janvier 1890 :

Prix moyen du quintal de farine pendant la quinzaine . . . . Fr. 31,620

Frais de panification. 12,223

Fr. 36,843

Le rendement étant de 130 *kg* de pain par 100 *kg* de farine, le kilogramme de pain revient à. . . . . Fr. 0,3603

Dans le tableau suivant, j'ai indiqué, d'après les statistiques officielles, le prix moyen du pain de 1875 à 1890.

Moyenne par année de 1875 à 1890.

Année.		Moy. par kilog.
1875	Fr.	0,3644
1876		0,3929
1877		0,4342
1878		0,4398
1879		0,3989
1880		0,4298
1881		0,4313
1882		0,4232
1883		0,4095
1884		0,3717
1885		0,3315
1886		0,3350
1887		0,3315
1888		0,3640
1889		0,3652
1890 (janvier, avril)		0,3585

Enfin, le tableau suivant indique le prix de revient moyen du pain et le prix moyen de vente par les boulangers en 1886 et 1887.

Prix moyen du pain.

	1886			1887		
	PRIX MOYEN de vente du kilog. de pain dans les boulangeries	PRIX DU KILOG. d'après l'évaluation officielle	PRIX MOYEN DU QUINTAL de farine type	PRIX MOYEN de vente du kilog. de pain dans les boulangeries	PRIX DU KILOG. d'après l'évaluation officielle	PRIX MOYEN DU QUINTAL de farine type
	fr. c.	fr. c.	fr. c.	fr. c.	fr. c.	fr. c.
Janvier	0,34.98	0,32.54	30,081	0,38.58	0,35.20	34,506
Février	0,35.07	0,32.98	30,654	0,38.33	0,35.50	33,983
Mars.	0,35.29	0,32.50	30,031	0,38.23	0,35.24	33.688
Avril	0,35.13	0,31.84	30,196	0,35.28	0,35.60	34,570
Mai	0,35.00	0,32.57	30,129	0,39.66	0,36.50	35,290
Juin.	0,35.07	0,32.33	29,812	0,59.30	0,37.55	36,678
Juillet	0,35.06	0,32.93	30,506	0,39.14	0,36.35	35,607
Août	0,36.06	0,32.74	30,377	0,38.76	0,34.60	32,823
Septembre	0,36.63	0,34.00	32,036	0,38.25	0,33.30	31,151
Octobre	0,37.66	0,34.29	32,304	0,37.79	0,33.65	31,587
Novembre	0,37.69	0,35.13	33,525	0,37.81	0,33.52	31,418
Décembre	0,37.97	0,35.25	33,688	0,37.62	0,34.10	32,173
Moyennes de l'année .	0,35.96	0,33.50	31.118	0,38.47	0,35.13	33,574

Les prix que je viens de vous indiquer sònt empruntés aux
statistiques officielles.

Devant ces prix, les arguments de M. Fleury tombent d'eux-
mêmes.

Aucun partisan des droits à l'entrée sur les blés, le plus important des produits agricoles, ne veut le renchérissement du pain.
Ce qu'ils veulent, c'est bien différent, c'est empêcher le prix du
blé de descendre au-dessous d'une certaine limite qu'ils considèrent comme dangereuse non seulement pour les producteurs
de blé, mais pour le pays tout entier, et surtout pour les ouvriers,
qui sont, à juste titre, l'objet de la sollicitude de M. Fleury.

Notre sollicitude pour eux n'est pas moindre que la sienne, seulement nous préférons donner aux ouvriers du travail et de bons salaires. Nous pensons que cela vaut mieux que de leur fournir une alimentation à vil prix alors qu'ils ne gagneront pas la modique somme nécessaire pour se la procurer.

Les souffrances de l'agriculture à l'heure actuelle sont malheureusement incontestables. On peut différer d'opinion sur l'intensité de la crise, sur ses causes réelles, sur les moyens d'y remédier, mais on ne saurait méconnaître qu'elle a atteint une gravité exceptionnelle, qu'elle décourage nos cultivateurs et menace de porter atteinte aux forces vitales du pays et à la fortune publique.

Dans certains départements la crise est telle que non seulement les cultivateurs n'obtiennent plus une rémunération de leurs travaux, mais que beaucoup d'entre eux voient disparaître le produit de leurs efforts antérieurs. De là résulte un découragement qui occasionne non seulement une réduction générale du prix des fermages, mais trop souvent l'abandon même de cultures qui ne paient pas leurs frais.

Toutes les personnes qui s'intéressent à l'agriculture connaissent sa détresse et en sont vivement préoccupées.

Le mal est déjà ancien; il s'est peu à peu aggravé. Les mauvaises années successives que l'agriculture a traversées de 1876 à 1885 ont achevé d'épuiser les ressources des fermiers et des petits cultivateurs.

Nombre de fermes sont abandonnées et le prix des baux, autrement dit la rente de la terre, a notablement baissé. Suivant les régions cette diminution atteint 25, 30 et même 50 0/0. Par suite on voit la propriété foncière diminuer sans cesse, au lieu de la voir s'accroître par suite des efforts des propriétaires successifs qui sans discontinuité enfouissent dans le sol des capitaux énormes espérant toujours l'améliorer.

Alors que les valeurs mobilières augmentent sans cesse, est-il juste, est-il conforme à l'intérêt général du pays, que la valeur de la terre aille constamment en diminuant? Il ne s'agit pas ici de l'intérêt particulier de quelques propriétaires et de l'importance de leurs revenus; le mal a pris de telles proportions qu'il cesse de soulever une question d'intérêt particulier; il soulève une question générale de premier ordre.

La diminution du revenu des terres n'est pas la cause de la crise agricole, c'en est plutôt la conséquence. L'augmentation des frais de production est l'une des causes principales de cette crise. Cette augmentation tient d'abord aux charges et impôts de toute nature qui pèsent sur le pays, particulièrement sur l'agriculture et ensuite à l'augmentation des frais de la main-d'œuvre.

M. Fleury nous a dit que nous supportions facilement les charges de l'impôt ; je crois qu'il se trompe. S'il veut bien s'adresser aux intéressés, il verra qu'il en est tout autrement. Si par suite de nécessités que je ne veux pas examiner, et notamment par suite de la nécessité d'entretenir constamment une armée nombreuse, nous sommes condamnés à subir un budget de près de 4 milliards, ne devons-nous pas faire contribuer à nos charges publiques des nations qui envoient sur notre marché des produits similaires à ceux que produit notre industrie nationale et qui leur font une concurrence des plus dangereuses? Tous les millions que nos douanes encaisseront seront autant de millions en moins à demander aux contribuables, de sorte que ce qu'ils perdront comme consommateurs, ils le retrouveront comme contribuables.

Par suite de ces charges le prix de revient des produits agricoles se trouve en même temps augmenté. Or, dans nos industries, quand les frais de production s'élèvent, le producteur n'a qu'une ressource pour échapper aux conséquences de cette augmentation, c'est de vendre ses produits plus cher. C'est ordinairement le remède au mal. Mais, dans la circonstance, il se trouve que, par une sorte de fatalité, bien loin de vendre leurs produits plus cher au moment où les frais de production augmentaient, les agriculteurs se sont trouvés en présence d'un avilissement du prix qui ne s'était jamais vu. Cet avilissement tenait uniquement à la concurrence étrangère.

Si l'on est à peu près d'accord pour reconnaître l'existence de la crise agricole et ses causes, il n'en est pas de même lorsqu'il s'agit du remède à y apporter et c'est ici que les divergences s'accentuent.

A mon avis, le remède doit consister à corriger les deux causes que je viens d'énumérer : ou il faut trouver le moyen de diminuer les frais de production, d'abaisser le prix de revient, ou il faut trouver le moyen de relever le cours des marchandises.

Je pense que les droits de douane, sans être le remède unique, ni une sorte de panacée, sont les moyens les plus prompts et les plus efficaces pour soulager l'agriculture.

M. Fleury n'est pas de cet avis: il tient au contraire pour le premier système et il ne veut pas entendre parler du second.

Il nous dit qu'on peut abaisser le prix de revient par l'emploi d'autres moyens; en augmentant les rendements, en introduisant dans les méthodes agricoles les perfectionnements que la science indique, en remplaçant les vieux outils par les machines modernes, en réformant le mode de répartition de la propriété pour faire disparaître le morcellement qui constitue, je le reconnais aussi, un obstacle à la production; si les terres sont épuisées, il faut leur rendre leur fertilité par les engrais chimiques.

Les bons conseils n'ont jamais manqué à l'agriculture. On a dit aux agriculteurs : Vous faites trop de blé; transformez vos champs en prairies et en herbages et vous gagnerez de l'argent au lieu d'en perdre; vous payez vos loyers trop cher, il faut que les fermages soient abaissés dans une mesure telle que vous puissiez soutenir la concurrence étrangère.

Tout cela est fort bien, mais je doute que ces moyens soient de nature à soulager notre agriculture d'une manière immédiate et efficace.

Sans doute, il serait bon, lorsque le sol et le climat s'y prêtent, de faire des herbages à la place des champs de blé; mais c'est là une transformation qui exige beaucoup de temps et d'argent; on ne peut pas la demander à des agriculteurs ruinés. Sans doute, l'agriculture doit s'industrialiser et recourir aux moyens de culture indiqués par la science; or, pour faire de la culture perfectionnée, pour obtenir une amélioration dans le rendement, il faut enfouir dans la terre des sommes considérables.

Après les années qu'elle vient de traverser, peut-on donner à l'agriculture de semblables conseils? C'est absolument impossible. Il faut prendre les choses comme elles sont. On peut espérer des améliorations, dans un avenir plus ou moins éloigné, mais il faut aller progressivement, lentement, pour faire comprendre aux cultivateurs l'intérêt qu'ils ont à transformer leur mode de culture là où cela est possible. Mais il ne faut pas les pousser dans des entreprises exigeant des capitaux qu'ils sont dans l'impossibilité de se procurer à l'heure actuelle.

Si l'on abaisse le loyer de la terre de 40 ou 50 0/0, il est évident que sa valeur vénale, qui n'a déjà que trop diminué, descendra dans une proportion égale, sinon plus forte, ce qui serait tout à fait contraire à l'intérêt général du pays, comme je vous l'indiquais il y a un instant.

Quant au morcellement du sol, il ne date pas d'aujourd'hui; il existe depuis bien longtemps, et, s'il a des inconvénients, n'a-t-il pas quelques avantages ? L'acquisition d'un lambeau de terre, si minime qu'il soit, attache le paysan à son pays et surexcite son ardeur au travail. Il est incontestable qu'il faut encourager cette tendance, afin d'empêcher les populations rurales de se porter en masse vers les villes, disputer aux ouvriers de l'industrie le peu de travail qui leur reste.

Du reste, qu'il soit avantageux ou nuisible, le morcellement existe et on ne voit guère comment on pourrait aujourd'hui le faire disparaître.

Lorsque le tarif des douanes de 1881 fut élaboré, le blé se vendait un prix rémunérateur (28 à 30 f le quintal), aussi aucun des orateurs qui portèrent à la tribune les réclamations des populations rurales ne demanda d'augmenter le droit de 0,60 f qui frappait ce produit. Il fut seulement admis qu'il ne serait point compris dans les traités de commerce que l'on conclurait à l'avenir.

Mais cette situation ne tarda pas à se modifier, le prix du blé baissa les années suivantes jusqu'à 23 f en 1884 et 21 f en 1885. Pour répondre aux plaintes unanimes de tous nos cultivateurs, le Parlement éleva, par une loi du 29 mars 1885, le droit sur les blés à 3 f par quintal. Cette taxe ne remédia pas à la situation; elle empêcha seulement les cours du blé de diminuer encore, mais elle ne les releva point. Alors, intervint une nouvelle loi du 29 mars 1887 qui porta le droit à 5 f. Celle-ci n'a pas encore eu pour résultat de rendre le prix du blé rémunérateur.

Ces deux lois donnèrent lieu à de vives discussions entre partisans et adversaires des taxes. Ces derniers affirmaient qu'elles auraient pour conséquence immédiate une élévation considérable du prix du pain, et seraient ainsi une lourde charge pour un grand nombre de familles d'ouvriers. Ils reçurent des faits un éclatant démenti. Non seulement le prix du pain n'augmenta pas, mais le prix moyen des années 1885 et 1887 fut inférieur à celui de 1884. De 1885 à ce jour, la valeur du pain a toujours été inférieure à ce qu'elle fut pendant les dix années précédentes de 1875 à 1885.

Au contraire, les résultats de l'application des nouveaux droits donnèrent pleinement raison à ceux qui avaient soutenu que le droit ne se répercuterait pas intégralement sur les cours et n'aurait aucune influence sur le prix du pain qui varie, du reste, d'une ville à une autre, alors que le blé et la farine y ont le même cours. Ces deux lois n'ont donc causé aucun préjudice aux ouvriers; elles ont eu pour effet d'empêcher la ruine de l'agriculture française; mais malheureusement elles n'ont point rendu à cette branche de notre activité nationale sa prospérité d'autrefois. Le prix du blé n'est pas encore rémunérateur.

En admettant même qu'un nouveau droit sur le blé fasse légèrement augmenter le prix du pain, cette augmentation n'atteindrait jamais 0,05 *f* par pain de 2 *kg*.

Voilà le maximum de sacrifice demandé au consommateur; et, par contre, il y aurait une plus-value payée au vendeur, plus-value qui assurerait le retour de la prospérité dans nos campagnes.

Et alors, ces propriétaires que notre collègue M. Fleury ne paraît pas considérer beaucoup, feront de nouveau travailler les ouvriers des campagnes; ces agriculteurs, qui auront retrouvé la prospérité, redeviendront les clients des industriels des villes.

C'est ainsi que les ouvriers retrouveront le travail et les salaires rémunérateurs, ce sera la fin de la crise générale. Je crois que c'est un résultat qui vaut bien le sacrifice demandé au consommateur.

Il y a, en effet, entre les intérêts de l'agriculture et ceux de l'industrie et du commerce, une solidarité plus étroite qu'on ne se l'imagine généralement. Les 18 millions de Français qui pratiquent l'agriculture ou en vivent sont les premiers et les meilleurs clients de nos commerçants : ils consomment nos produits industriels autant que leurs ressources le leur permettent. Ils achètent beaucoup dans les bonnes années, peu dans les années médiocres et se privent tout à fait dans les années mauvaises. D'où il résulte que le commerce et l'industrie subissent forcément le contre-coup des misères de l'agriculture. Une crise agricole entraîne fatalement une crise industrielle.

Au moment où nous recherchons de nouveaux débouchés pour notre commerce, devons-nous négliger 18 millions de consommateurs français qui ne demandent qu'à consommer nos produits et n'en sont empêchés que par la crise agricole? En combattant cette crise dans la mesure de nos moyens, nous obtiendrons de meilleurs résultats et à de moindres frais que par de lointaines expéditions.

Je vous demanderai la permission de vous citer encore ici un passage de l'ouvrage de M. Domergue :

« Le besoin d'échanges internationaux, dit-il, se fait sentir chez
» tous les peuples : c'est une loi de progrès à l'encontre de la-
» quelle il serait puéril et dangereux de vouloir aller. Chaque
» pays a des produits qui lui sont propres et qui dépassent les be-
» soins de la consommation : il a intérêt à exporter le trop-plein,

» La France est elle-même dans ce cas. Elle possède toutefois
» un des plus riches marchés intérieurs du monde, un marché de
» 25 à 30 milliards, et 46 700 000 consommateurs à pourvoir, en
» tenant compte de la population des colonies.

» Voilà ce que les chercheurs de débouchés lointains perdent
» souvent de vue.

» *Vingt-cinq milliards!* c'est un joli chiffre d'affaires.

» A la vérité, qu'est-ce que notre commerce extérieur en com-
» paraison de celui-là? Pas tout à fait la huitième partie, 3 mil-
» liards seulement, et, depuis dix ans, ce chiffre n'a pas varié,
» pour ainsi dire, tandis que l'importation grossit toujours.

» Sans doute nous tenons à conserver notre marché extérieur,
» quelque relativement modeste qu'il soit, nous souhaitons même
» le voir se développer. Mais n'est-ce pas agir en vrai fous que
» de lui sacrifier la plus importante de nos ressources, le plus sûr
» de nos débouchés? Est-ce un bon ménage qui met la main à la
» poche pour acheter ce qu'il peut recueillir de son propre fonds?
» qui, pour faire valoir la terre d'autrui, laisse la sienne en
» friche? »

Après nous avoir parlé des mines et de la métallurgie, M. Fleury
nous a dit que nous avions une supériorité incontestable en ce qui
concerne les produits finis, ceux dont l'exécution exige de l'intelligence et du goût; qu'il fallait, par conséquent, transformer
nos industries et que les ouvriers passeraient facilement d'un travail à un autre.

Sur ce point, M. le Président a déjà répondu à M. Fleury, et il
vous a dit que c'était une grave erreur de croire qu'un ouvrier
passait facilement d'un mode de travail à un autre.

Enfin, M. Fleury a terminé en disant que le libre-échange est le
seul moyen d'augmenter la production nationale.

Je suis d'un avis tout opposé et je crois vous avoir déjà démontré que j'avais raison. Néanmoins, je vous demande encore la
permission de dire quelques mots sur ce sujet, en invoquant
l'autorité de notre sympathique Vice-Président, M. Périssé.

Dans une conférence qu'il a faite à l'École des Hautes Études
commerciales, le 24 février 1886, et ayant pour titre : *Ni libre-
échange ni protection*, M. Périssé a examiné quelles étaient pour la
production française les conséquences du libre-échange et de la
protection. Il a nettement établi que le libre-échange serait la
ruine de la France.

Sa conférence est des plus instructives, et j'aurais plaisir à vous la lire tout entière. Néanmoins, je ne veux pas abuser de vos moments et je ne vous en signalerai que les points principaux:

« Nous avons étudié, a-t-il dit, quels étaient les prix de revient
» des machines en France, Angleterre, Allemagne et Belgique, et,
» frappé de notre infériorité à ce point de vue, nous avons recher-
» ché quelles étaient les causes des différences dans les prix de
» revient. Après l'Exposition d'Amsterdam, nous en avons fait
» l'objet d'un rapport au Ministre du commerce, qui a été publié
» avec son autorisation, après avoir été présenté à la Société des
» Ingénieurs civils, dans le but de provoquer les observations et
» les rectifications que cette étude pouvait comporter.

» Il serait trop long de parler ici de cette étude avec quelques
» détails ; nous nous contenterons de dire seulement que la
» France n'est pas en décadence industrielle, puisque dans les
» expositions internationales, les machines françaises ont été pri-
» mées pour l'ingéniosité de leurs dispositions et pour leur bonne
» exécution ; mais elle est moins bien partagée que ses voisines
» du Nord, au point de vue des richesses naturelles et de la posi-
» tion géographique, toutes choses contre lesquelles elle ne peut
» rien.

» Ainsi la houille existe en Angleterre et en Allemagne beau-
» coup plus pure et de meilleure qualité qu'en France : qu'y pou-
» vons-nous ? Les couches de ce précieux combustible minéral
» sont plus puissantes et plus faciles à exploiter qu'en France :
» qu'y pouvons-nous ?

» Au point de vue des ports de mer naturels et des rivières
» dans lesquelles les marées se font sentir au loin, notre inférior-
» rité est notoire principalement vis-à-vis de l'Angleterre : qu'y
» pouvons-nous ?

» Où trouver en France, dans le voisinage de la mer et d'une
» rivière à marées, la houille abondante à côté du minerai abon-
» dant, comme dans le Cleveland, en Angleterre ? Nulle part.

» Nos gisements de houille étant pour la plupart loin de la mer,
» nos grands centres industriels sont donc loin de la mer. Com-
» ment alors lutter sur le marché étranger, puisque nous avons
» à supporter, en outre, un transport forcément plus coûteux ? Car
» les transactions pour l'exportation se traitent le plus souvent au
» port d'embarquement, la voie maritime étant la voie de transport
» la plus économique.

» Au point de vue des impôts, n'avons-nous pas de plus lourdes
» charges, en raison de nos désastres récents et de l'obligation

» dans laquelle nous sommes de perfectionner notre outillage na-
» tional puisque la nature nous a moins favorisés? Les impôts
» représentent en France près de 100 *f* par tête, tandis qu'ils ne
» dépassent guère 50 *f* dans les autres pays.

» Il n'est pas contestable et il n'a été contesté par aucun homme
» technique, qu'au point de vue du prix de revient du fer et de
» l'acier et de la plupart des machines, notre infériorité est inévi-
» table vis-à-vis de l'Angleterre, de l'Allemagne et de la Belgique.
» Ceux qui l'attribuent à l'imperfection de nos procédés et de
» notre outillage industriel se trompent. Notre infériorité pour les
» industries dont il s'agit, et pour bien d'autres, tient à ce que
» nous sommes moins bien partagés que nos voisins, au point de
» vue de l'importance de leurs richesses naturelles et de leur si-
» tuation géographique. »

Ensuite M. Périssé examine quelles seraient pour la France les
conséquences de l'adoption du libre-échange pour diverses branches de notre activité nationale.

« Avant le libre-échange, une compagnie française de construc-
» tion de machines fournissait du matériel industriel au fabricant
» de sucre son voisin dans le nord de la France. Depuis la sup-
» pression des droits aux frontières, la concurrence anglaise et
» allemande a fait fermer les ateliers du mécanicien, et le fabri-
» cant de sucre prend ses machines en Angleterre, en échange
» de livraisons de sucre. Mais au bout de quelque temps, le corres-
» pondant anglais écrit : « Je ne peux plus continuer à vous ache-
» ter du sucre, car j'ai intérêt à l'acheter en Allemagne, d'où il
» me revient meilleur marché ».

» Alors le fabricant de sucre réunit les cultivateurs qui lui
» fournissent la betterave et les ouvriers qui lui donnent la main-
» d'œuvre et il leur dit : « Je vendais ma production moitié en
» France, moitié en Angleterre; mes affaires allaient bien, mais
» voilà que l'Angleterre achète maintenant du sucre allemand qui
» lui est vendu meilleur marché. Il faut donc, ou que je réduise
» de moitié le nombre de mes ouvriers et la quantité de bette-
» raves, ou bien que vous fassiez les uns et les autres un sacrifice
» en réduisant vos prix, auquel cas je vous assure que je conti-
» nuerai à vous employer tous et à vous acheter des betteraves
» dans la même proportion ».

» Les ouvriers ne trouvant pas à s'occuper dans d'autres indus-
» tries, acceptent une diminution de salaire. Ils le peuvent, à la

» rigueur, puisque les denrées alimentaires et les vêtements
» coûtent meilleur marché, étant plus abondants sur la place, et,
» par suite, plus offerts.

» Quant aux cultivateurs, ils acceptent aussi de réduire le prix
» de leurs betteraves, car ils ne peuvent pas faire autrement.
» Leur terre ne peut pas produire de vin, ni autre chose dont le
» prix soit aussi rémunérateur que celui de la betterave, même
» ainsi diminué. Ils ne veulent pas laisser leurs terres incultes ;
» ce serait perdre le patrimoine qu'ils ont reçu de leurs parents
» et qu'ils ont le devoir de transmettre à leurs enfants. D'ailleurs,
» comme les outils, les vêtements et autres objets de consomma-
» tion coûtent moins cher, ils peuvent arriver, en bien travaillant,
» à vivre eux et leur famille, mais à la condition de supprimer
» quelques petites jouissances qu'ils se donnaient de temps en
» temps, c'est-à-dire un voyage, un objet d'ameublement, qui
» augmentait le confortable de leur intérieur, etc.

» Conclusion : Le grand constructeur mécanicien a disparu ; il
» s'est fait industriel d'art, ou bien il a considérablement réduit
» ses ateliers pour se borner à construire des machines brevetées
» pour lesquelles il a un monopole de quelques années encore.
» Le fabricant de sucre est resté dans la même situation ; il paie
» moins cher ses betteraves, ses machines, sa main-d'œuvre,
» mais il vend son sucre moins cher. Les ouvriers sont restés dans
» la même situation, ils ont perdu comme producteurs ce qu'ils
» ont gagné comme consommateurs. Les cultivateurs ont perdu,
» car pour continuer à vivre sur leurs terres, ils sont obligés de
» se priver, de se restreindre sur le petit superflu qu'ils pou-
» vaient se donner avant l'établissement du libre-échange.

» Un constructeur de travaux et ponts métalliques des environs
» de Paris réunit ses ouvriers et leur dit : « Depuis que le libre-
» échange existe, je lutte avec quelque avantage contre la con-
» currence étrangère sans avoir eu jusqu'ici besoin d'avoir recours
» à une diminution de salaire, lequel est, vous le savez, beaucoup
» plus élevé qu'en Allemagne et en Belgique. J'ai pu lutter, parce
» que je suis puissamment outillé et très bien secondé par mes
» ingénieurs dont la supériorité technique s'est affirmée dans les
» concours qui ont eu lieu, vous le savez, dans plusieurs pays
» étrangers, à propos de grands ouvrages métalliques. Les Fran-
» çais sont toujours sortis victorieux de ces concours internatio-
» naux.

» Je paie mes fers plus cher que les étrangers parce que je dois

» payer le transport depuis la forge étrangère jusqu'à nos ate-
» liers; mais, par contre, étant en France, plus près du lieu d'em-
» ploi, j'ai des frais de transports moindres pour les fers déjà
» manutentionnés et prêts à être posés. Seulement les affaires
» baissent parce que je ne reçois plus autant de commandes de
» l'étranger. Mes concurrents se perfectionnent, l'habileté de
» leurs ingénieurs augmente et atteindra bientôt celle des nôtres,
» de sorte que, plus favorisés que moi, au point de vue du prix
» de revient, à l'atelier, ils m'ont déjà enlevé plusieurs affaires
» hors de France.

» Aujourd'hui une grosse affaire se présente et voilà pourquoi
» je vous ai réunis. Il s'agit de la construction de tous les ponts
» à établir pour les chemins de fer du Tonkin. Vous savez que nous,
» Français, qui avons versé notre sang, qui avons dépensé notre
» argent pour ouvrir le Tonkin — au commerce du monde entier,
» — vous savez que nous ne nous sommes réservé aucune situa-
» tion privilégiée. Nous devons le regretter. Eh bien ! la construc-
» tion des ponts va nous échapper, parce qu'en raison surtout du
» prix de la main-d'œuvre que vous me demandez, je ne pourrai
» pas lutter contre les Anglais, les Allemands ou les Belges.

» Vous allez me dire que les ouvriers anglais gagnent autant et
» peut-être plus que vous. Mais vous savez que la position insu-
» laire et les richesses naturelles de l'Angleterre en houille et en
» fer abaissent le prix de revient du constructeur anglais, et que
» le fret étant moins élevé au départ d'Angleterre qu'au départ de
» France, il y a là pour eux un autre motif de diminution du prix
» de revient.

» Mais, vous le savez bien, les ouvriers belges ou allemands
» gagnent moins que vous. Je ne peux donc pas lutter sur le
» marché étranger avec mes concurrrents de Belgique et d'Alle-
» magne qui ont les fers à meilleur marché et aussi la main-
» d'œuvre. Donc, si vous voulez que nous fassions les ponts du
» Tonkin, baissez un peu votre salaire, sinon, il faudra céder la
» place aux étrangers, et je serai dans la pénible obligation de
» remercier une partie d'entre vous.

» Les ouvriers acceptent la proposition de leur patron et, finale-
» ment, ils sont dans la même situation qu'avant le libre-échange.

» Un raisonnement identique serait tenu s'il s'agissait de cons-
» tructions métalliques à faire en Tunisie, où, malgré notre pro-
» tectoral, les Français et les étrangers ¡sont soumis au même
» régime commercial. »

M. Périssé a terminé sa conférence par l'examen des deux questions suivantes :

« 1° L'établissement du libre-échange aurait-il pour effet d'aug-
» menter ou de diminuer le bien-être de la majorité des Fran-
» çais ?

» 2° La France, comme nation, serait-elle élevée ou abaissée
» par le libre-échange ?

» Première question. — Rappelons d'abord que chacun est pro-
» ducteur ainsi que consommateur, que chacun ne doit consommer
» que jusqu'à concurrence de ce qu'il produit, et, s'il consomme
» davantage, il touche à la réserve et s'appauvrit. Un individu
» marche donc vers sa ruine quand il dépense plus qu'il ne gagne ;
» de même il épargne et s'enrichit en augmentant son capital lors-
» qu'il produit plus qu'il ne consomme.

» Néanmoins, le producteur se distingue du consommateur. En
» effet, le producteur offre le résultat de ses efforts et de son
» travail, il cherche à en augmenter la valeur le plus possible, de
» façon à recevoir en échange le plus possible d'autres produits
» ou d'autres services qui lui sont utiles et qui répondent à ses
» besoins, à ses désirs. Il devient alors « demandeur », et il re-
» cherche l'utilité des produits ou des services, alors que, comme
» producteur, il n'avait en but que leur valeur.

» Chacun est donc bien, à la fois, producteur et consommateur
» et doit être considéré en cette double qualité qui semble être
» oubliée de part et d'autre, soit pour ne pas nuire à une argu-
» mentation, soit pour satisfaire des intérêts.

» Si l'on pouvait considérer tous les peuples de la terre comme
» n'en formant qu'un seul, la qualité de consommateur l'empor-
» terait et s'harmoniserait avec l'intérêt public. Le libre-échange,
» en effet, conduit à une meilleure utilisation des richesses et des
» forces gratuites que la nature a mises à la disposition de l'hu-
» manité. D'ailleurs, ne l'oublions pas, la consommation est le
» but définitif de tout effort, de tout travail, de toute production.
» Et, ce à quoi nous aspirons tous, c'est que chacun de nos
» efforts réalise pour nous la plus grande somme possible de bien-
» être.

» Mais, ramenée au point de vue de l'intérêt des Français, la
» question n'est plus la même. Elle demande à être examinée
» dans l'espèce au point de vue des résultats, par rapport à ce qui
» existe actuellement.

» En résumé, nous croyons que les Français perdraient comme
» producteurs, comme donneurs de services. Or, les produits s'é-
» changent contre des produits, les services contre des services,
» nous n'en recevrions que jusqu'à concurrence de ceux que
» nous donnerions.

» Sur le marché français, même après l'établissement définitif
» du libre-échange, les choses ne seraient donc pas plus abon-
» dantes. Le seraient-elles tout autant? Oui, si la diminution dans
» la valeur de nos produits nationaux était équivalente à la dimi-
» nution dans la valeur des produits échangeables; en un mot, si
» nous avions gagné comme consommateurs ce que nous aurions
» perdu comme producteurs. Dans ce cas, le bien-être n'aurait
» pas augmenté, il serait resté le même.

» Il n'y aurait, en définitive, aucun avantage, mais les Français
» se seraient appauvris, ils auraient perdu une partie de leur
» capital en réserve. De plus, il aurait fallu traverser une période
» de transition semée de ruines et de souffrances. On aurait donc
» perdu à ce double point de vue sans pouvoir espérer un profit
» ultérieur.

» Les Français n'ont donc pas intérêt au libre-échange.

» A un autre point de vue, la localisation des industries par
» pays créerait, au bout de quelque temps, un monopole pour un
» ou plusieurs pays mieux placés ou plus favorisés que les autres,
» pour telle ou telle industrie dont les produits s'imposent. Il
» arriverait que ce ou ces pays syndiqués deviendraient maîtres
» du marché, les concurrences étant éteintes, et qu'ils pourraient
» arbitrairement augmenter la valeur de leurs produits pour aug-
» menter leurs produits au préjudice de leurs voisins dont les
» produits n'auraient pas une utilité absolue.

» En un mot, le monopole pourrait exister, non pas au profit de
» quelques producteurs nationaux, comme dans le système pro-
» hibitif, mais au profit de producteurs étrangers contre lesquels
» on serait impuissant. Il pourrait survenir une crise plus nuisible
» aux intérêts des Français que sous le régime actuel.

» En établissant la concurrence sur le marché français, entre
» les produits nationaux et les produits étrangers, on n'aurait à
» craindre ni le monopole ni l'arrêt dans le progrès. Nos indus-
» tries nationales seraient stimulées par la concurrence; mais
» elles auraient la possibilité d'exister. C'est là un poids très im-
» portant par rapport à l'intérêt national. C'est l'objet de la der-
» nière question qu'il nous reste à examiner.

» Deuxième question. — La France, comme nation, serait-elle
» élevée ou abaissée par le libre-échange ?

» Sur ce point, notre opinion est formelle. La nation française
» serait amoindrie, et abaissée par le libre-échange.

» La disparition de ses grandes industries métallurgiques et
» mécaniques lui enlèverait les moyens de fabriquer elle-même
» ses armes, ses outils, ses vaisseaux de guerre, ses rails et ses
» locomotives. Tous ces objets nécessaires à son existence lui
» seraient fournis par ses voisins, les Anglais, les Allemands ou
» les Belges, qui pourraient fabriquer le fer et l'acier nécessaires
» au monde entier pendant plusieurs siècles.

» Il est vrai que la France fournirait de l'autre côté de la Manche
» et du Rhin des œuvres d'art, des objets et des produits artis-
» tiques, de beaux bijoux, des vins délicats, des modistes, des
» coiffeurs et des cuisiniers!...

» Poser la question c'est la résoudre.

» Lorsqu'un peuple ne peut plus fabriquer ses armes et l'ou-
» tillage national, ce peuple dégénère. Il perd son indépendance,
» car, nous le répétons encore, nous ne croyons pas que l'humanité
» puisse entrer pour toujours dans la paix et dans la justice. Elle
» ne serait pas l'humanité, si cela pouvait être. Lisons son histoire
» depuis quatre mille ans, et nous y verrons que presque toujours la
» force a primé le droit. Sans doute, des progrès ont été accom-
» plis, l'humanité est perfectible, elle marche vers une civilisation
» plus grande, mais le moment est-il venu pour nous de désarmer
» et de présenter seulement le Droit, la justice et les intérêts ma-
» tériels pour résister à la Force, à l'Injustice et à la Domination ?
» Nous ne le croyons pas, ce serait être dupes, et nous disons :
» Soyons forts, si nous voulons rester libres. La première condi-
» tion pour être forts, c'est de ne pas être à la discrétion de nos
» voisins pour l'armement et pour l'entretien incessant de nos
» arsenaux. De même qu'il faut perfectionner toujours l'outillage
» de la paix, de même, nous ne le savons que trop, il faut perfec-
» tionner sans cesse l'outillage de la guerre. Le pourrions-nous,
» si les Anglais et les Allemands nous fournissaient nos chemins de
» fer, nos armes et nos vaisseaux de guerre? Non, certainement.

» En perdant notre indépendance, nous perdrions notre dignité
» et notre influence morale

» Voilà pourquoi nous ne voulons pas du libre-échange ; nous
» le repoussons parce que nous voulons que notre patrie française
» reste grande, forte et libre. »

Il est incontestable, Messieurs, que l'industrie supporte en ce moment une crise violente et prolongée. Cette crise a deux causes : d'abord l'augmentation de l'importation étrangère qui est telle que tandis que jusqu'en 1876 nos exportations se balançaient sensiblement avec nos importations, aujourd'hui les importations l'emportent sur les exportations d'une quantité considérable. Elle a aussi une autre cause : nos industries pour le plus grand nombre travaillent surtout pour le marché intérieur, et il faut que les agriculteurs (j'appelle ainsi les propriétaires fonciers, les cultivateurs, les fermiers, les ouvriers de la culture et tous ceux qui en vivent), il faut que les agriculteurs puissent mettre les deux bouts l'un vers l'autre pour acheter les produits de l'industrie.

C'est ainsi que la détresse de l'agriculture rejaillit sur l'industrie, et c'est de la détresse de l'agriculture que vient la crise industrielle.

Lorsque le tarif des douanes a été revisé en 1880, nous n'étions plus dans la même situation qu'en 1860; les charges du pays s'étaient considérablement aggravées et avaient augmenté dans des proportions énormes les frais de production de nos industriels et de nos agriculteurs. C'est une raison pour relever nos tarifs. Nous en avions une autre, c'est que tous nos voisins avaient relevé les leurs. Et puis, à cette époque, on apercevait déjà dans le lointain les conséquences inévitables de la révolution économique dans les moyens de circulation et de transport qui a mis tous les marchés du monde les uns à la portée des autres et les a rendus à un tel point solidaires qu'ils ne forment pour ainsi dire plus qu'un. Nous avions donc en 1881 le droit incontestable de relever nos tarifs; cependant nous ne l'avons pas fait. Nous nous sommes montrés généreux envers nos concurrents; nous avons même aggravé notre situation puisque nous avons diminué ou supprimé les droits sur un grand nombre de produits.

Ce système, s'il a été funeste pour nous, a été fort avantageux pour nos concurrents.

M. Simon vous a fait remarquer à la dernière séance que nous étions le pays le plus chargé d'impôts. Je ne suis point partisan des prohibitions, mais j'estime que l'impôt est dû par tout le monde. Eh bien ! lorsque tous les produits français paient une surcharge, il est juste que les produits étrangers paient un droit identique; le droit de douane n'est donc en réalité qu'un droit de compensation. Quand les produits étrangers arrivent sur notre territoire, ils se servent de nos canaux, de nos routes, de nos che-

mins de fer, construits avec l'argent des contribuables français.
Ils profitent de la sécurité de notre police. En équité, peut-on con-
tester à l'État le droit de faire payer aux produits étrangers une
part de la sécurité et des profits qu'ils trouvent sur notre territoire?

En France, la moyenne de l'impôt par habitant est de 115 *f* tandis qu'elle n'est que de 35 *f* en Amérique. Une fabrique américaine
employant 2 000 personnes ne supporte donc qu'une charge de
70 000 *f* tandis qu'une fabrique française occupant le même nombre
d'ouvriers paye au Trésor 230 000 *f*. C'est une différence de 160 000 *f*
au désavantage de la fabrique française, qui sera dans l'obligation
de fermer ses ateliers s'il n'y a pas de droits compensateurs.

Tant mieux, dit-on, le consommateur achètera les produits américains à 160 000 *f* meilleur marché.

Oui, seulement l'usine qui rapportait 230 000 *f* au Trésor ne rap-
portera plus rien. C'est 230 000 *f* qu'il faudra prendre dans la maison des consommateurs sous forme de nouveaux impôts. Ils auront
gagné 160 000 *f* en perdant 230 000 *f*, tout cela en ruinant la production française.

Au moment où nous allons reprendre notre liberté d'action, ce
serait un crime que de commettre la même faute. L'état actuel de
l'opinion fait heureusement espérer qu'il n'en sera point ainsi.
Les partisans du libre-échange sont en infime minorité dans le
Parlement. D'un autre côté, à de rares exceptions près, les conseils généraux, dans leur dernière session, ont été unanimes pour
demander que les traités de commerce soient dénoncés et qu'à
l'avenir la France conserve sa liberté d'action.

Il est incontestable qu'il y a unanimité presque absolue dans
toute la France pour établir cette ligne de conduite, la seule qui
soit réellement conforme aux intérêts de l'industrie comme à ceux
de l'agriculture, c'est-à-dire à ceux des travailleurs de toutes les
classes de la société.

Je ne saurais mieux faire que de vous citer encore ici un passage
de M. Domergue : « Il est certain, dit-il, qu'en théorie le libre-
» échange est séduisant, comme tout ce qui évoque une idée de
» relations amicales, de paix et de fraternité universelle, ou d'a-
» cheminement vers cet idéal. Il peut même se faire qu'à un mo-
» ment donné, il entre dans le domaine des choses réalisables,
» quand l'évolution économique du globe sera terminée. Mais s'il
» est possible que le libre-échange soit l'avenir, la protection est
» la nécessité du moment.

» Sous prétexte que dans certains pays plus favorisés que le
» nôtre on file, on tisse, on forge, on fabrique à meilleur compte,
» nos travailleurs doivent-ils cesser de filer, de tisser, de forger,
» de fabriquer ?

» Que ferez-vous de nos paysans français qui sont plus de vingt
» millions ? En attendant l'âge d'or que vous nous promettez,
» avez-vous un moyen de les faire vivre autrement qu'en travail-
» lant la terre ? C'est le seul qu'ils connaissent. Si vous ne pouvez
» pas leur en indiquer un autre, souffrez qu'ils s'en tiennent à
» celui-là, et permettez-nous de les empêcher de mourir de faim
» provisoirement.

» Encore vingt-cinq ans de votre régime, c'est plus qu'il n'en
» faut pour achever de ruiner la France : permettez-nous de la
» sauver. »

Messieurs, je ne reviendrai pas sur la question du double tarif;
je l'ai examinée dans une précédente séance. Je termine en concluant :

1° Que nous devons dénoncer les traités de commerce actuels et
ne point les renouveler;

2° Établir un double tarif; le tarif minimum étant suffisamment
élevé pour permettre à l'agriculture de se relever et à l'industrie
de soutenir la concurrence étrangère.

M. LE PRÉSIDENT constate le très grand intérêt avec lequel la réplique
de M. Bert a été écoutée et donne la parole à M. Coignet.

M. COIGNET s'excuse d'intervenir dans cette discussion après MM. Bert,
Fleury et Euverte, pourtant il voudrait présenter quelques observations.

Il veut s'élever avec force contre cette idée que la situation économique de la France serait compromise. En admettant comme exactes les
courbes des importations et des exportations telles qu'on les montre, s'il
y eut une crise en 1880, elle est aujourd'hui presque terminée et la
courbe des exportations va bientôt recouper celle des importations. Mais
ces courbes sont inexactes. En dehors des considérations générales que
rappelait encore dernièrement M. Rouvier à la tribune de la Chambre et
relatives à la difficulté de l'établissement de ce tableau, en tenant compte
de tous les éléments, il ne faut pas oublier ce que M. Coignet appelle
l'exportation intérieure. Dans un pays de luxe comme la France où
viennent en foule des étrangers, ceux-ci consomment sur place et achètent des produits en quantités énormes, produits qu'ils exportent eux-

mêmes sans laisser de trace de cette exportation, alors que l'importation de leurs éléments, comme l'or et les pierres précieuses, par exemple, a été notée au passage. C'est par centaines de millions qu'il faut compter ces exportations intérieures qui ne figurent pas dans les statistiques officielles.

D'un autre côté on a dit que la différence entre les exportations et les importations avait créé une crise; c'est prendre l'effet pour la cause.

Ainsi, le phylloxera a déterminé dans l'agriculture une crise terrible qui s'est traduite par une augmentation dans les importations de 250 millions de vins espagnols ou italiens.

N'était-ce pas aux viticulteurs qui pendant un siècle ont profité du surmenage de leurs vignes à prévoir l'avenir, et n'est-ce pas à eux qu'il appartient maintenant de faire les efforts et les dépenses nécessaires pour ne plus avoir recours aux vins étrangers ? D'ailleurs, la reconstitution des vignobles avance considérablement.

D'autre part, la main-d'œuvre, qui pendant longtemps a été plus chère en France qu'à l'étranger, se relève considérablement dans le reste de l'Europe. La situation tend à se niveler. Le charbon est aussi cher en Belgique qu'en France (toutes les actions charbonnières ont haussé cette année de 20 0/0). La France exporte depuis un an de la fonte en Belgique et même en Allemagne.

Il ne faut pas considérer seulement le marché intérieur de la France. Au point de vue industriel, elle a un autre rôle à jouer. Pour modifier en sa faveur la balance des échanges, ce n'est pas en diminuant par des droits d'entrée les importations, c'est-à-dire en diminuant la valeur totale de la balance générale, qu'il faut procéder, mais bien en augmentant les exportations. Pour cela, il faut continuer dans la voie où nous sommes entrés, il faut modifier nos habitudes commerciales et aller chez les autres leur proposer nos produits sans attendre qu'ils viennent nous les demander.

Un exemple est frappant. On a prétendu un moment que les jouets allemands avaient envahi la France. Un syndicat de fabricants de jouets français a obtenu les résultats suivants :

L'exportation de ces produits étaient : en 1867 de. . .   6 000 000 f
  —   —   en 1878 de. . .   16 000 000 f
  —   —   en 1889 de. . .   70 000 000 f

N'est-ce pas un exemple encourageant ?

Si on veut protéger l'agriculteur qui prétend faire pousser du blé dans des terres humides où la nature n'est disposée qu'à produire de l'herbe, il faudra aussi protéger l'industriel qui se sera trompé en installant son usine dans de mauvaises conditions économiques de transport ou autres. Est-ce là le rôle de l'État ? Son devoir est de ne pas se mêler de ce qui ne le regarde pas.

On a parlé du maïs. C'est un exemple des abus possibles de la protection. La France n'en produit pas (*Si, si*), ou du moins très peu.

M. Ed. Coignet. — Soit : 20 départements sur 86 produisent la moitié de ce que la France consomme de cette matière première. Donc il ne faut pas mettre de droits. Mais, d'ailleurs, est-ce l'agriculture qui les réclame ? Non. Ce sont les sucriers et les distillateurs de mélasses de betteraves. Ceux-ci ne sont pas encore satisfaits du cadeau de 80 millions que la loi de 1884 leur a fait. Comme les alcools de maïs les gênent, ils trouvent tout simple, sous couleur de protéger l'agriculture française, de faire mettre un droit sur la matière première nécessaire à leurs concurrents !

Dans la protection, on sait quand on entre, on ne sait pas quand on en sort.

M. Fleury s'est, paraît-il, l'autre jour, trouvé le seul libre-échangiste. Aujourd'hui, ils sont deux, car M. Coignet l'est aussi.

M. Coignet. — L'Ingénieur civil français devrait avoir à cœur de dire à ce point de vue :

Et s'il n'en reste qu'un, je serai celui-là !

Car, qui demande protection fait déclaration de faiblesse et d'impuissance, et ce n'est pas à l'Ingénieur, à celui dont le rôle dans l'industrie est de diminuer de toutes façons le prix de revient des produits manufacturés, à se déclarer incapable de lutter avec les ingénieurs des autres pays et à paraître craindre si fort même pour le marché français.

La protection peut être bonne pour un pays qui n'a pas son industrie créée ou qui aurait besoin de faire vivre une industrie touchant à la défense nationale ; ce n'est pas le cas de la France.

Le libre-échange est le régime fécond de la liberté et de l'initiative individuelle, c'est le régime des hommes et des peuples forts et fiers qui n'ont besoin de personne et qui ne cherchent qu'en eux-mêmes le fonds nécessaire au succès de leurs entreprises.

M. Coignet reste profondément convaincu qu'on commet une faute en France en se rejetant du côté de la protection et que c'est dans le développement et la mise en pratique des idées libre-échangistes qu'est l'avenir de notre pays.

M. le Président rend hommage au sentiment de très grande conviction qui anime le discours de notre honorable collègue et à l'éloquence avec laquelle il a développé ses arguments en faveur de la liberté commerciale. Mais il croit devoir rappeler, au point de vue des arguments invoqués, que nos industries et grandes administrations payent à leurs ouvriers des salaires plus élevés qu'à l'étranger et font en leur faveur, sous différentes formes, des sacrifices que leurs concurrents ne s'imposent pas ; puis que les charges publiques sont plus grandes dans notre pays, et que l'argent enfin, lui-même, y est bien plus cher que chez nos concurrents.

M. H. Couriot a la parole :

M. H. Couriot dit qu'après l'exposé très complet de la question des traités de commerce fait par M. Bert, qu'après le chaleureux plaidoyer de M. Fleury en faveur du libre-échange, l'éloquente réplique de M. Euverte et les observations présentées par un grand nombre de membres de la Société, il n'a pas grand'chose à ajouter et qu'il n'abusera pas de la bienveillante attention de ses collègues.

La pensée à laquelle il obéit, en prenant la parole, est celle-ci: les traités de commerce sont-ils l'unique cause de la crise qui sévit sur toutes les branches de l'activité industrielle? Cette crise est-elle due exclusivement aux traités de 1882, consentis sans réciprocité suffisante? Il ne le croit pas. Une autre cause, non moins sérieuse, du ralentissement des affaires, réside dans une diminution des revenus de la France, coïncidant avec une augmentation importante de ses dépenses. Sans parler du poids d'un budget annuel de 3 à 4 milliards dont le total pendant vingt années donnerait un chiffre formidable de dépenses, M. Couriot estime que les emplois de capitaux, faits sans profit immédiat, et la diminution de revenus, subie par la France, dans l'espace des quinze à vingt dernières années, correspondent à 40 milliards, dont le poids pèse sur le pays.

L'insuffisance des récoltes de céréales durant cette période de quinze ans a mis la France dans la nécessité d'acheter du froment à l'étranger, en vue de subvenir à son alimentation, pour une somme de . . . . 5 milliards 1/2

Le phylloxera a fait tomber la production vinicole de la France de 55 millions d'hectolitres à 25 millions; la production des vins s'est relevée à 30 millions d'hectolitres en 1889; on peut cependant estimer que la diminution de la récolte de la viticulture correspond à une perte de 25 millions d'hectolitres par an, qui, à 20 francs l'un, constitue une réduction de revenus de 500 millions de francs par an, soit pour quinze années, de . . . . 7 milliards 1/2

Sans critiquer des dépenses qui étaient nécessaires pour assurer l'indépendance de la France dans le concert des nations européennes, l'armement (guerre et marine) nous coûte en moyenne 800 millions de francs par an, ce qui, depuis vingt années, correspond à des sacrifices qui s'élèvent au total à . 16 milliards

Chacun sait, enfin, que les travaux publics (chemins de fer, ports et canaux), ont absorbé des capitaux importants, qui constituent en quelque sorte une avance, faite par la génération actuelle à celles qui la suivront et dont le remboursement sera effectué par ces dernières sur les produits à attendre et à récupérer pendant une longue période d'années à venir.

Il a été dépensé pour ces travaux, dont un grand nombre ne fournissent même aucun revenu immédiat et dont quelques-uns occasionnent, au contraire, un surcroît de dépenses annuelles d'entretien ou d'exploitation, une somme qui, pour vingt ans, peut être évaluée, en chiffres ronds, à . . . . 13 milliards

Le total de ces avances et emplois de capitaux, ainsi que des diminutions de revenus que le pays a éprouvées s'élève, par suite, pour quinze à vingt ans, à . . . . 41 milliards

chiffre formidable si on le compare à la rançon de guerre de 5 milliards
payée à l'Allemagne, laquelle porte à 40 milliards les charges exception-
nelles du pays dans une période relativement courte ; chiffre écrasant si
on le rapproche de l'état que nous apporte, aujourd'hui, notre collègue
M. Bert, évaluant à 135 milliards la fortune de la France ; celle-ci, en
quinze ou vingt ans, aurait dépensé le tiers de son capital !

Il lui a fallu une richesse, un ressort, une vitalité incroyables pour ne
pas succomber sous une charge pareille ; il lui a fallu l'ardeur au travail,
l'énergie et l'opiniâtreté qui caractérisent notre race pour n'être pas
écrasée sous un tel fardeau et pour avoir donné à l'Europe le spectacle
admirable d'une France encore riche et florissante, au moins en apparence, comme nous l'avons fait voir au cours de l'Exposition universelle
de 1889.

Ces emplois de capitaux et cette diminution de nos revenus ont eu pour
effet de drainer l'épargne qui s'est trouvée insuffisante pour féconder le
commerce, l'industrie et l'agriculture, seules véritables sources de toutes
richesses, et chacun sait combien l'épargne est nécessaire, soit pour
combiner les opérations à long terme, soit pour créer ou perfectionner
le matériel industriel, soit pour amender le sol, soit enfin pour améliorer les méthodes culturales. L'absence de capitaux, pendant toute cette
période, a produit la crise industrielle, commerciale et agricole que
nous traversons ; et en ce moment, nous voyons l'argent toujours timide,
n'osant pas encore se porter sur ces trois branches principales de l'activité
humaine, mais allant s'employer à la Bourse, où les valeurs de tout repos
atteignent les cours les plus élevés qui n'aient jamais été vus aux époques de la plus grande prospérité.

Arrivant à l'examen des traités de commerce et des tarifs de douane
qui doivent être appliqués aux marchandises étrangères à leur entrée en France, M. Couriot dit que, s'il est partisan de droits compensateurs sur les produits fabriqués, afin de ne pas désarmer les producteurs
d'articles qui assurent la rémunération du travail national, il pense
que, comme les matières premières nécessaires à l'industrie, les produits
alimentaires qui sont, en quelque sorte, la *matière première du travail
humain*, la plus importante de toutes, doivent être affranchis de tout
droit à la frontière. Cette considération lui fait rejeter le principe de la
protection demandée pour l'agriculture. L'alimentation du pays a obligé
la France à acheter, en quinze ans, pour 5 518 millions de francs de
céréales ; or il ne faut pas perdre de vue que le pays a traversé une série
de mauvaises récoltes, de 1875 à 1883, et que les résultats ont été médiocres en 1886 et 1888, de telle sorte qu'en quinze ans, la culture n'a eu
que quatre bonnes années : 1882, 1884, 1885 et 1887.

Telle est la cause des importations de froment étranger ; ces importations étaient nécessaires à l'alimentation du pays. Un droit de douane
sur les céréales eût été sans effet sur l'état des récoltes et sur les conditions climatériques qui ont fait fléchir celles-ci, mais il eût peut-être ren-
chéri les prix d'achat pour les consommateurs.

En présence des chiffres apportés par M. Euverte, on peut se demander si l'agriculture tirera un grand bénéfice de la protection qu'elle sol-
licite, notre collègue ne nous a-t-il pas fait remarquer qu'à l'époque où

le droit sur les céréales n'était que de 0,60 f, le produit du quintal de froment atteignait 31 f, tandis qu'aujourd'hui, avec un droit de 5 f, ce prix est tombé à 21,50 f; cette différence ne montre-t-elle pas que les écarts de prix tiennent surtout à la plus ou moins grande abondance de la récolte et que les droits de douane ont une bien moins notable influence sur les prix qu'on ne le suppose en général ?

Admirons, au contraire, l'harmonie avec laquelle toutes choses sont réglées dans la nature.

Le phénomène des saisons a pour effet de permettre de récolter le blé en Égypte et dans les Indes, au printemps de la France, en Europe et aux États-Unis en été et en automne, enfin, en Australie et au Cap dans nos mois d'hiver. Grâce au télégraphe, il nous est possible de faire face, à tout moment, à l'insuffisance de notre récolte, par un télégramme envoyé aux points du globe où la production est la plus abondante et la plus avantageuse ; des navires de 4000 tx, équivalant à la production qu'un fermier obtient sur 360 h, nous apportent ces céréales dans l'espace d'un mois au grand maximum, et l'hectolitre de froment arrive en France à un bon marché incroyable, il paie 3 f l'hectolitre pour être transporté de Bombay à Marseille, c'est-à-dire qu'il n'en coûte pas plus pour venir des Indes que pour se rendre de Marseille à Paris.

Ces chiffres ont leur éloquence, ils montrent la révolution admirable opérée par l'industrie moderne, dont les Ingénieurs sont les representants les plus autorisés, révolution accomplie au profit de l'humanité tout entière, et dont l'industriel doit profiter le premier, en nourrissant ses ouvriers à bon marché, révolution enfin dont l'effet serait détruit par les droits de douane sur les céréales.

A qui pourraient d'ailleurs profiter les droits dont il s'agit ? Aux grands propriétaires territoriaux qui, avec le morcellement de la France, sont l'exception ; ce sont eux qui bénéficieraient des droits parce qu'ils produisent plus qu'ils ne consomment ; mais le petit cultivateur, *qui vit toute l'année sur son champ, et qui est le grand nombre*, n'en tirera aucun avantage, car il consomme ses produits et il achète quand il y a insuffisance.

Pour bien s'en rendre compte, il faut voir jusqu'à quel point la propriété foncière est divisée en France ; le tableau ci-dessous permet de l'apprécier, d'après le dernier recensement.

		Nombre des exploitations	Étendue moyenne	Sur 0/0 en nombre	Sur 0/0 en étendue
			Hectares		
Petite culture	au-dessous de 1 h. . . 2.167.067	4.033.545	0ʰ,50	71,1	13,5
	de 1 à 5 h. 1.865.878		3ʰ,00 } 1ʰ,79		
	de 5 à 10 h.	709.153	7,50	13,6	11,6
Totaux et moyennes de la petite culture . . .		4.802.607	3,60	81,7	25,1
Moyenne culture	de 10 à 20 h.	431.353	15,00	7,6	13,1
	de 20 à 30 h.	198.011	25,00	3,5	9,9
	de 30 à 40 h.	97.828	35,00	1,7	6,9
Totaux et moyennes		727.222	20,41	12,8	29,9
Grande culture	au-dessus de 40 h	142.068	156,71	2,5	45,0
TOTAUX ET MOYENNE GÉNÉRALE.		5.672.007 (1)	8,75	100,0	100,0

(1) Superficie cultivée totale = 49 561 861 h.

On voit que sur 5 672 007 exploitations, 2 167 667 propriétaires cultivent la surface moyenne, infiniment petite, d'un demi-hectare; près de deux millions d'autres (1 865 878) n'ont que 3 *h*, de telle sorte que ces propriétés réunies (4 033 545), qui représentent près des trois quarts du total, n'ont que 1,79 *h* de superficie moyenne. Ces quatre millions de propriétaires cultivent leurs modestes exploitations avec leur famille, et sur 18 249 209 Français qui vivent de l'agriculture, on peut dire que 12 à 15 millions sont répartis dans ces petites cultures et se nourrissent des produits qu'ils obtiennent. Si la récolte est insuffisante, ils sont obligés d'acheter au dehors ce qui leur est nécessaire, et ils paieront leur nourriture plus cher si des droits frappent les objets d'alimentation. Mais en revanche les droits d'entrée, qui grèveraient 38 millions de Français, profiteront entièrement aux 142 088 grands propriétaires territoriaux, qui récoltent bien au delà de leurs besoins; or il est permis de considérer ces derniers comme les moins intéressants, car ils ont justement le capital et l'instruction avec lequel ils peuvent améliorer les méthodes culturales et lutter contre la concurrence étrangère.

C'est donc à tort qu'on réclame des droits de douane sur les céréales au nom de *travailleurs agricoles*, il est établi qu'ils n'en bénéficieront pas.

Il importe, comme le faisait très justement observer M. Euverte, de développer l'enseignement professionnel agricole, et cela surtout parmi les petits cultivateurs qui sont en France le grand nombre; comme il vient d'être dit, 85 0/0 des agriculteurs ne possèdent en moyenne que 2,5 *h*. Cet enseignement aura pour effet de propager les méthodes rationnelles et d'élever, par suite, le rendement du blé à l'hectare, de 15,7 *hl* à 17,1 *hl*; grâce à cette augmentation bien minime du rendement, la production totale de la surface emblavée passera de 110 millions d'hectolitres à 120 millions, et la France ne sera plus tributaire de l'étranger pour son alimentation. Cet effort, cet accroissement de 10 0/0 dans le rendement à l'hectare sont peu de chose à obtenir, si on songe qu'au lieu de récolter 15,7 *hl* à l'hectare, l'Angleterre produit 26 *hl*, la Belgique 24, et que dans le nord de la France, on obtient couramment de 20 à 24 *hl*. Or, il est difficile d'admettre que le beau ciel de France ne soit pas au moins aussi favorable à la culture que le climat brumeux, froid et nébuleux de la Grande-Bretagne.

Si on examine la situation de la viticulture, on est très frappé de voir que, malgré la diminution de récolte produite par l'invasion du phylloxera, réduction qui correspond à 500 millions de francs de recettes en moins par an, les exportations de vins de la France se sont maintenues, et que nous continuons à vendre, chaque année, pour 250 millions de francs de vins à l'étranger. Le maintien de nos ventes au dehors s'explique, si on se rend compte de ce fait que nos grands vins seuls s'exportent.

Ils ne rencontrent aucune concurrence sur les marchés européens; ils ont pu, vu leur prix élevé, faire les frais nécessaires pour lutter victorieusement contre le fléau dévastateur et continuent à se vendre au dehors de la France, comme par le passé et pour le même chiffre. En revanche, la réduction de la production a contraint le pays à faire entrer, depuis plusieurs années, pour 350 à 400 millions de francs de vins ordinaires, importations qui ont comblé l'insuffisance de la récolte. C'est que la France n'est pas seulement un des plus forts producteurs, elle est en même temps le plus grand consommateur de vins du monde entier, aussi a-t-elle été chercher au dehors ce que sa viticulture ne lui donnait plus. Ces importations, qui iront en décroissant, par suite de la reconstitution qui se fait peu à peu du vignoble français au moyen des cépages américains, étaient absolument nécessaires au pays, aussi les droits sur les vins ne peuvent qu'en renchérir le prix et, en même temps, nous faire fermer les marchés étrangers, sur lesquels s'exportent les produits des grands crus français.

En résumé, M. Couriot pense que, dans les nouveaux tarifs de douane, il convient : que les *matières premières* nécessaires à l'industrie entrent en franchise ou ne soient soumises qu'à des droits très faibles, tels que les droits de statistique.

Que les *matières alimentaires* et, par cette expression, il entend la presque généralité des produits agricoles, qui, comme substances nutritives, sont la *matière première du travail humain*, soient exemptes au même titre.

Que les *produits fabriqués*, enfin, soient protégés par des droits compensateurs tenant compte, notamment, des écarts qui se produisent d'un pays à l'autre sur le prix de la main-d'œuvre ; mais il croit que les produits manufacturés ont seuls droit à cette protection.

Faut-il dénoncer les traités actuels et leur substituer deux tarifs, l'un maximum et l'autre minimum ? M. Couriot pense qu'il faut dénoncer les traités de 1882, pour arriver à une tarification tenant mieux compte des situations et assurant le bénéfice d'avantages équivalents à ceux qui pourront être accordés aux pays étrangers ; mais il dit qu'il importe de donner à ces tarifs la fixité, si nécessaire aux opérations à long terme et sans laquelle il n'y a pas de lendemain pour l'industrie ; il conviendrait donc de négocier des traités avec les puissances étrangères pour cinq, huit ou dix ans, sur la base du tarif minimum.

M. Couriot croit que cette faculté, si vantée et demandée par M. Bert, de pouvoir modifier les tarifs à tout moment, constituerait un véritable danger, car elle engendrerait l'instabilité, alors que les affaires, les opérations à longue échéance, l'amortissement du matériel exigent que le commerçant et l'industriel soient garantis par des traités contre de brusques variations de tarifs.

En terminant, M. Couriot dit qu'il faut, avant tout, assurer la loyauté des transactions commerciales par des dispositions législatives permettant de confisquer à la frontière les produits étrangers entrant en France ou transitant, porteurs d'inscriptions françaises, comme celles qui y figurent souvent de l'autre côté du Rhin ; ces désignations mensongères et trompeuses, telles que le sont les expressions : *Articles de Paris, Nouveautés de Paris, Modes de Paris*, etc., inscrites sur des marchandises d'origine étrangère, nuisent à la fois à notre commerce et à la bonne réputation de notre fabrication ; enfin, elles ont pour but de substituer à nos productions, soit sur le marché français, soit à l'étranger, des contrefaçons grossières et sans goût, au détriment du travail national ! S'il est donc une protection qu'il soit permis de réclamer avec énergie et insistance, c'est celle qui aura pour résultat de débarrasser la France d'une concurrence déloyale qui s'exerce contre elle, en prenant pour base le bon renom dont jouissent ses produits et la confiance que sa probité commerciale inspire.

M. Couriot ne doute pas que, sur ce point, chacun ne soit unanime à demander une protection efficace, et il aura eu ainsi la bonne fortune de mettre une fois d'accord ensemble les partisans du libre-échange et ceux de la protection.

M. LE PRÉSIDENT félicite M. Couriot de l'attrait qu'il a su donner aux arguments qu'il vient de développer et qui ont été écoutés avec le plus vif intérêt par la Société ; il l'en remercie au nom de tous ses collègues. Il croit cependant devoir présenter une observation contre les arguments invoqués, c'est que les 4 millions de propriétaires ne possédant en moyenne qu'un hectare ne peuvent pas vivre avec leur famille du produit unique de leur terre et sont obligés de travailler une partie de leur temps comme ouvriers chez ceux qui sont plus favorisés ; or, il est très important que ceux-ci puissent leur donner le salaire nécessaire pour les faire vivre et leur permettre d'amasser le petit pécule avec lequel ils agrandissent et améliorent leur propriété.

M. Couriot dit que les cultivateurs sont bien à la fois propriétaires et ouvriers ; qu'on les considère comme on voudra, cela n'infirme en rien ses observations dont il résulte que ces petits cultivateurs consomment la totalité de leur récolte et vivent avec leur famille du produit de leurs champs ; obligés même d'acheter au dehors, si la récolte est insuffisante, ils ne bénéficient nullement des droits de douane sur les céréales et sur les produits agricoles.

M. Polonceau fait observer qu'il n'est peut-être pas exact de dire qu'il y a quatre millions de petits cultivateurs ayant en moyenne 1,1/2 *ha*.

En effet, une grande quantité d'entre eux ont 3 *ha* au moins et, par suite, peuvent vendre du blé. Dans le calcul précédent, on ne tient pas compte de ceux-là et il n'est question que des 142 000 gros propriétaires.

M. Couriot répond qu'en France, la surface cultivée est de 19 millions 561 861 *ha* et la population de 38 218 903 habitants. Bien que la France soit, comme production agricole, un peu au-dessous des besoins de sa consommation, on peut admettre d'après ces chiffres qu'il faut 1,3 *ha* pour nourrir chaque habitant.

Si on estime que la famille d'un cultivateur se compose de quatre personnes, lui compris, sa nourriture exige une surface de 5,2 *ha* et jusqu'à ce chiffre, la récolte ne correspond qu'à ce qui est nécessaire pour faire face à l'alimentation de cette famille, et il ne reste même rien pour l'achat du superflu.

M. Fleury ne rentrera pas dans la discussion, qu'il convient de ne pas prolonger indéfiniment ; aussi bien, n'est-ce pas nécessaire. Il a eu des adversaires qui l'ont traité avec une bienveillance excessive ; mais qui après avoir constaté qu'il soutenait la thèse du libre-échange, effrayés sans doute de cette étiquette, n'ont pas vérifié le fond et ont laissé les arguments de M. Fleury en dehors de leur examen. Il a eu cependant la satisfaction de les entendre dire que le libre-échange était la théorie de temps meilleurs, celle de l'avenir peut-être. Il ne diffère donc d'avec eux que quant à la date de l'avènement. Quant à lui, il le croit possible immédiatement, et il en a donné des raisons auxquelles il n'a rien à changer, auxquelles MM. Coignet et Couriot viennent d'ajouter des arguments nouveaux et saisissants. C'est aussi à ses précédentes observations qu'il renvoie pour la réponse à faire à M. Bert, le seul qui ait serré la discussion d'un peu près.

M. Fleury reconnaît que les idées ne se forment et ne se modifient pas tout d'un coup. Il comprend parfaitement que ses collègues veuillent bien prendre le temps de la réflexion. Il les prie seulement d'avoir présents à l'esprit la nature et le sens de notre commerce extérieur; de constater que presque toutes nos industries définitives, celles qui occupent le plus grand nombre de bras et d'intelligences, sont exportatrices; c'est-à-dire qu'elles affrontent avec succès, dans les conditions actuelles, la concurrence étrangère. Qu'on se demande alors à quelle extension, à quel développement elles n'atteindraient pas si leurs matières premières, leur outillage, les vivres de leurs ouvriers, n'étaient pas surtaxés? Et comme ces surtaxes, ces surélévations de prix sont la conséquence nécessaire des droits de douane, n'arrivera-t-on pas à cette conclusion que le développement de nos industries, l'accroissement de productivité de notre travail, et par suite le bien-être général exigent l'abolition des droits de douane? On a cité l'Angleterre, en disant qu'elle avait adopté le libre-échange dans son intérêt exclusif; mais elle ne l'a imposé à aucune autre des nations avec lesquelles elle trafiquait. Il n'y a eu là de sa part ni manœuvre ni duperie, comme on l'a dit. En abolissant le tarif des douanes, l'Angleterre a assuré le développement de son industrie et la prospérité de son commerce. Elle a assuré la vie à bon marché et facilité, de la façon la plus rationnelle et la plus libérale, la solution des problèmes sociaux les plus inquiétants. Elle a pu, notamment, sans intervention législative, arriver à la diminution des heures de travail, sans diminuer le salaire. C'est un grand résultat. Nous pouvons faire de même; les résultats ne seront ni moins sûrs ni moins avantageux pour notre pays, dont l'intérêt et la grandeur doivent exclusivement nous préoccuper.

M. Euverte n'a qu'un mot à dire au sujet des observations que vient de présenter M. Couriot de la manière la plus intelligente et avec un entrain communicatif.

Parlant de la production agricole, M. Couriot a fait remarquer que si l'agriculture arrivait seulement à la production moyenne de 17 hl par hectare, au lieu de 15 qu'elle produit aujourd'hui, la France aurait assez de blé pour sa nourriture, et nous n'aurions plus besoin de faire appel aux blés étrangers.

M. Euverte pense qu'il y a, dans cette appréciation, une erreur qu'il ne faut pas laisser s'accréditer; si le droit de 5 f n'existait pas, et si l'agriculture augmentait sa production, le résultat serait une baisse considérable du prix du blé, qui serait surabondant sur le marché, parce que les importations étrangères augmenteraient.

M. Euverte rappelle, à cet égard, ce qu'il a dit à la dernière séance:

En 1870, le droit d'entrée était à 0,60 c par 100 *kg*:

Importation	859 000 000 *kg*
Exportation.	44 000 000 *kg*
Prix par 100 *kg*.	31 000 000 *f*

En 1889, le droit est de 5 *f* par 100 *kg* :

Importation	373 000 000 *kg*
Exportation.	95 000 000 *kg*
Prix par 100 *kg*.	24 500 000 *f*

Il est bien certain que, si le droit de 5 *f* n'avait pas existé, l'importation aurait été augmentée dans une proportion considérable, le prix aurait baissé, et l'agriculture aurait énormément souffert.

Il en serait de même si l'agriculture augmentait sa production sans être, *momentanément*, couverte par un droit protecteur.

Il faut que, pendant un certain temps, l'agriculture soit soumise au régime protecteur, pour grandir et se fortifier; il faut qu'elle puisse gagner assez pour augmenter son capital; si l'on veut améliorer la situation, avoir plus d'engrais, il faut avoir une plus grande quantité de bœufs, de vaches, de moutons; et pour arriver à ce résultat sur toute la surface du pays il faut un grand nombre de millions.

M. Euverte répète que certaines industries ont grandi parce qu'elles ont été convenablement protégées; elles ont trouvé le capital qui leur était nécessaire, et le développement s'est produit.

M. Couriot dit : « Protégeons l'industrie, mais ne protégeons pas l'a-» griculture; il faut dégrever la nourriture qui est l'élément primordial » du travail. » Mais il faut bien remarquer que le droit protecteur n'est pas toujours une cause d'augmentation du prix de consommation, ainsi que cela vient d'être établi par un exemple positif et très remarquable.

Il faut ajouter que le développement du travail national est bien autrement important que l'abaissement du prix de consommation.

Et d'ailleurs, pourquoi protéger plutôt l'industrie que l'agriculture? Les agriculteurs sont les plus nombreux, ils tiennent une large place dans les corps délibérants, pourquoi sacrifieraient-ils l'industrie agricole à l'industrie manufacturière?

M. Euverte conclut en répétant ce qu'il a dit à la dernière séance; il faut étudier toutes les situations, apprécier si, oui ou non, il y a nécessité de protéger; il faut mettre, en un mot, la science et l'étude à la place de l'empirisme et des systèmes absolus.

Il faut, d'ailleurs, rester autant que possible dans la modération, et montrer par tous les moyens aux nations étrangères que nous ne sommes pas réfractaires à l'échange. Notre exportation a une grande importance, il faut la ménager.

M. Poloxceau partage l'opinion de M. Euverte. Il croit qu'il faudrait augmenter les droits sur les blés; pour que l'agriculture s'améliore et puisse recourir aux procédés de culture perfectionnée, il faut qu'elle gagne de l'argent pour acheter des instruments et des engrais qui coûtent cher.

Quant à la production du blé en Angleterre dont a parlé M. Courtot, il faut remarquer que dans ce pays on ne cultive que les terres qui rapportent beaucoup, tandis qu'en France on cultive partout. L'agriculture française a besoin de protection.

M. Sévérac demande à dire un mot au sujet de la métallurgie. Avant l'utilisation des minerais phosphoreux, le bassin de la Loire était prospère ; depuis, la métallurgie a pris du développement dans Meurthe-et-Moselle, Nord, Basses-Pyrénées ; les usines de la Loire, Terrenoire, Bessèges n'ont pu résister à la concurrence intérieure ; la protection n'a fait que déplacer les centres industriels ; mais, si la liberté absolue a existé, non seulement les anciens centres ont disparu, mais les nouveaux qui sont aujourd'hui prospères étant bien placés, n'ont pu être créés.

Au sujet des produits finis, il dit qu'avant 1882, c'est-à-dire entre 1860 et 1882, les détails des traités de commerce avaient été si mal étudiés, que si la matière brute était prohibée par les droits exorbitants, aux 100 *kg* dont elle était frappée, l'introduction des produits fabriqués était favorisée par les droits *ad valorem* beaucoup inférieurs aux droits qui frappaient la matière première. Il dit qu'un tarif de douane sur les objets fabriqués devait comprendre d'abord les droits sur la matière première nécessaire à la fabrication, et ensuite des droits sur la main-d'œuvre.

M. Courtot, répondant à M. Euverte, indique que les exportations de céréales ont été souvent supérieures dans le passé au chiffre des importations et qu'il croit que le jour où la production française suffira aux besoins du pays, le blé étranger ne passera plus nos frontières, ce qui assurera des prix suffisamment rémunérateurs. Il croit que la protection de l'agriculture engendrerait l'immobilité et serait contraire aux intérêts du grand nombre.

M. Euverte signale qu'en 1879 et 1880, les importations de blé étaient de 837 millions, alors que le droit n'était que de 0,60 *f* et que le blé se vendait 31 *f* l'hectolitre ; c'est parce que nos récoltes étaient mauvaises et qu'il était indispensable d'avoir recours à l'étranger. Aujourd'hui avec le prix d'entrée de 5 *f* l'importation s'est abaissée à 372 millions. Voilà des faits incontestables.

M. Gassaud dit qu'avec le développement des chemins de fer, il y a aujourd'hui des facilités de transport qui n'existaient pas autrefois.

M. Polonceau dit qu'en 1884 une commission, nommée par le Ministre du commerce, est allée étudier en Autriche la question sucrière. Elle a constaté qu'il y avait là des terrains excellents et que la main-d'œuvre n'était que de 1,50 *f* à 2,25 *f* par journée. Le combustible est à des prix très bas, les débris de lignite coûtant 2,50 *f* à 3 *f* la tonne. Il était évident dans ces conditions que l'industrie du sucre disparaîtrait en France si l'on ne frappait pas les sucres étrangers de droits assez élevés.

M. le Président donne la parole à M. Fleury.

M. J. Fleury saisit cette occasion de rappeler qu'à l'époque dont vient de parler M. Polonceau, s'agitait la question d'une nouvelle législation fiscale des sucres. On voulait arriver au prélèvement de l'impôt sur la betterave, en attribuant à celle-ci un rendement déterminé, au delà duquel les excédents devaient être indemnes. Dans l'enquête préparatoire qui avait spécialement pour but de permettre de fixer le rendement sur lequel serait basée la perception, on vit non seulement des particuliers, mais des corps organisés, chambres consultatives, comices, syndicats, des journaux spéciaux, affirmer avec la plus grande énergie que la betterave en France ne pouvait pas donner plus de 5 à 6 0/0 de sucre. Ceux qui ont cru pouvoir ainsi affirmer la stérilité du sol qu'ils cultivaient ont eu gain de cause. Le rendement qu'ils indiquaient a été adopté par la loi. Et tout aussitôt, on a vu le rendement s'élever, progresser, arriver à 10 et 11 0/0, ce qui assure de beaux bénéfices facilement acquis. Il est utile d'avoir ce souvenir présent à l'esprit, quand on entend dire que jamais on n'obtiendra pour le blé des rendements comparables à ceux de l'agriculture belge ou anglaise.

M. POLONCEAU répond qu'au début de la culture la betterave donne de 11 à 13 0/0, mais au bout d'un certain temps, si on la cultive toujours dans le même terrain, le rendement s'abaisse à 5 ou 6 0/0.

M. Polonceau croit utile d'appeler l'attention sur un danger de la protection : c'est de créer un *monopole, de faciliter les accaparements;* or, nous, Ingénieurs civils, nous sommes et serons toujours contre les monopoles et les accaparements, parce qu'ils sont la négation du progrès qui est la vie des nations, qui élève le niveau intellectuel et amène progressivement l'amélioration du sort du travailleur.

La protection, si on n'y prend garde, c'est le *statu quo.* — Nous l'avons vu avant 1860, et c'est très certainement à l'influence des traités de 1860 que l'on doit l'essor de la métallurgie, les développements, les progrès réalisés, etc., et cela, nous pouvons le dire, par les travaux des Ingénieurs civils.

Ce n'est pas à dire qu'il faille adopter le libre-échange : ce serait l'écrasement et la ruine de certaines industries et spécialement de l'agriculture.

Ce qu'il faut, c'est examiner chaque cas particulier, ne céder aux autres États qu'en échange de conditions favorables pour nous et enfin, ne pas oublier un seul instant qu'avant tout, outre l'agriculture et ses produits, il y a beaucoup d'industries qu'il faut à tout prix sauvegarder au point de vue de la défense nationale, ce que certaines personnes oublient trop facilement.

Il faut une juste balance entre la protection et le libre-échange de manière à éviter les monopoles et les accaparements au détriment des consommateurs, du progrès et de la défense nationale, c'est par notre esprit inventif, par nos choses nouvelles, par nos progrès incessants que nous parviendrons à développer notre exportation et à agrandir l'action de notre patrie.

M. LE PRÉSIDENT remercie M. Polonceau d'avoir si bien résumé la question très complexe que la Société discute depuis trois séances et rend tout d'abord justice au sentiment de profond patriotisme qui a guidé chaque orateur dans le développement des arguments invoqués. Sans formuler un avis, que nos statuts ne nous permettent pas d'émettre sur le sujet traité, M. le Président croit cependant pouvoir dire qu'il semble résulter de ces discussions qu'il y aurait lieu de dénoncer les traités de commerce, et tout en étudiant des droits, tenant compte des charges toutes spéciales qui grèvent notre production nationale, de ne pas les exagérer, afin de ne pas s'exposer à entraver le commerce ou à ralentir le progrès. C'est, comme l'a fort bien dit M. Polonceau, une question spéciale à traiter pour chaque industrie particulière.

M. LE PRÉSIDENT croit devoir clore la discussion en renouvelant aux membres de la Société qui ont défendu leurs opinions tous ses remerciements pour le très grand intérêt qu'ils ont su donner à leurs arguments et pour la somme considérable de renseignements on ne peut plus intéressants dont, à cette occasion, nos publications vont se trouver enrichies.

PARIS. — IMPRIMERIE CHAIX, 20, RUE BERGÈRE. — 16392-7-79

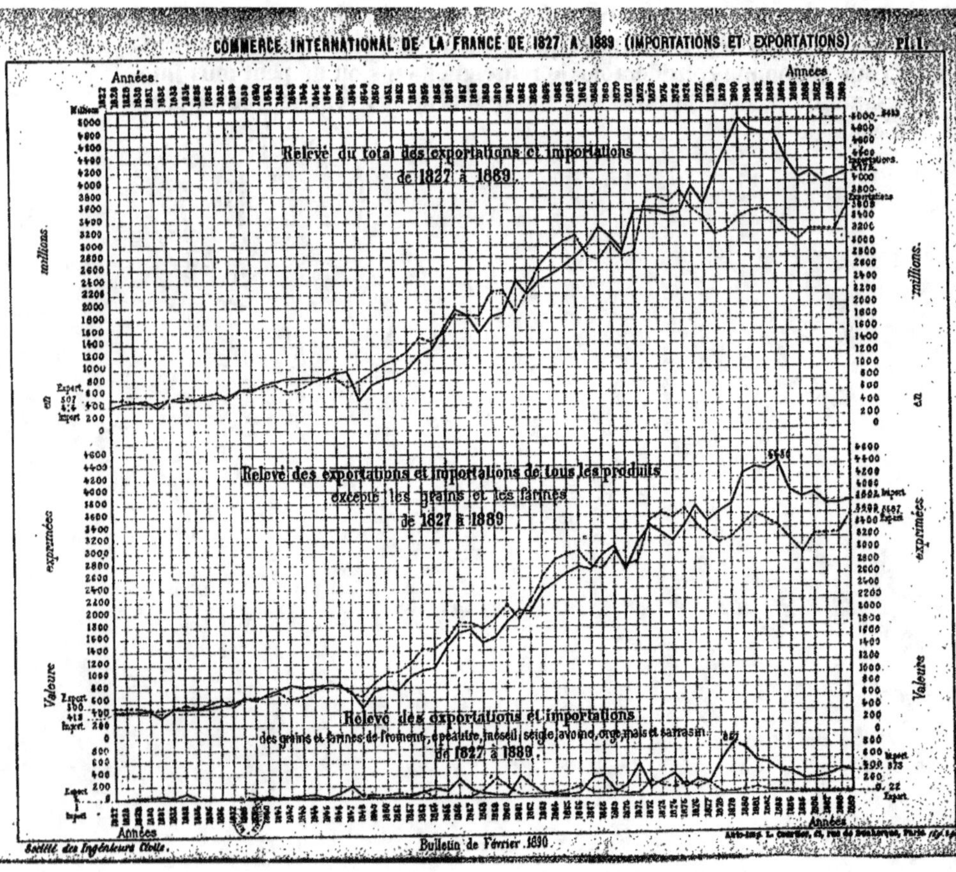
Années.
Années
Relevé du total des exportations et importations
de 1827 à 1889.
Relevé des exportations et importations de tous les produits
excepté les grains et les farines
de 1827 à 1889
Relevé des exportations et importations
des grains et farines de froment, épeautre, méteil, seigle, avoine, orge, maïs et sarrasin
de 1827 à 1889.
millions
millions
Valeurs exprimées en
Valeurs exprimées en
Export.
Import.
Années
Années